# 不心累的故事教育法

洪春瑜，薛梅城 編著

改變說教的口吻，
將童話重新詮釋，
透過小故事引導孩子改變自我

**孩子愛搗蛋，身為父母應該怎麼辦？**

義正詞嚴地說「你不可以×××」，只被頑皮鬼當作耳邊風？

想要闡述一些人生大道理，孩子卻面露不耐呵欠連連？

其實，只要站在兒童的角度思考，一切就能迎刃而解！

說教何必板起臉孔？將道理融入一篇篇活潑逗趣的小故事中，

便能在潛移默化中達到教育的目的，並增加家庭的和諧氣氛！

# 目錄

# 目錄 ────────────────

# 目錄 ————————————

# 第十六章　沒有主見的孩子沒出息

# 目錄

# 前言

人的一生，20%由 IQ 決定，80%由 EQ 主宰。而衡量一個人 EQ 的重要指標就是人際交流、待人接物的能力。

得體的待人接物技巧，對孩子的成長具有重要作用。美國前總統羅斯福曾說：「在成功的公式中，最重要的一項因素是待人接物。」「待人接物」是發展孩子社會性的一條重要途徑。孩子只有在與同伴、成人的交流互動中，才能學會在平等的基礎上協調好各種關係，才能正確地認識和評價自己，形成積極的情感，為將來能正常地進入社會、適應社會生活打下基礎。

年幼的孩子因不具判斷力，而模仿又是最原始的學習，父母自身的言行就更重要，正所謂身教重於言教。希望孩子成為一個有教養的人，父母就要注意自己的言行。畢竟，孩子的教養，是父母責無旁貸的天職。

「無論在哪一個國家，每一位父母都有這樣的責任：在言傳身教中使他們的孩子獲得社交與雙贏的能力。」聯合國兒童基金會執行主任卡洛·貝拉米（Carol Bellamy）在一次大會上這樣呼籲：「家長們，為了讓你的孩子將來在社會中遊刃有餘，請打開這本書。這本書適合家有學齡前孩子的父母閱讀，是各位年輕父母教育孩子的好幫手。」對孩子言行的規範、價值觀的建立，越早開始，成效越好。

# 前言

　　本書透過大量的案例故事和通俗的論述,多角度、全方位地告訴家長,如何才能走進孩子的世界,看到他們的所需;如何才能讓孩子更全面地管理自己的人生資源,有效地提升成功的機率。同時,本書還告訴孩子,與人交流不僅應懂禮貌、尊重他人,還應該學會體諒他人、欣賞他人、接納他人。只有這樣,才能成為一個受人歡迎的交際高手,贏得良好的人緣。

　　沒有朋友的孩子,即使成績再好也是孤獨的舞者!如今競爭無處不在,從小就讓孩子學會正確處理各種人際關係,不僅能促進他健康成長,更能決定他未來的命運!

　　願本書成為孩子成長路上的良師益友,家長育子路上的指路明燈,讓每一個接受過本書指導的家庭,尤其是孩子們,都能擁有高 EQ 帶來的成功、幸福的優質人生!

編者

# 第一章
# 彬彬有禮，從小做起

在孩子的成長過程中，很多家長只關注孩子智力、學業的發展，忽視了孩子禮儀、禮節、禮貌的教育，致使一些孩子不懂禮貌，驕蠻無禮。事實上，禮貌是孩子與人交流的前提，是他們能否與人成功交流的關鍵因素。從小培養孩子的禮儀和得體的行為舉止，有助於孩子養成良好素養，能為孩子今後的發展奠定基礎。

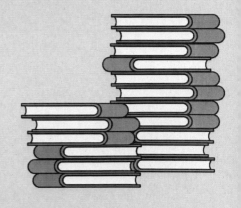

## 禮貌是一張通行證

　　禮貌是人們在相互交流的過程中，透過語言、表情、行為、態度表示相互尊重和友好的言行規範。生活在社會這個大家庭中，每個人每天都要和各式各樣的人打交道，無論是在家庭、學校、還是在社會中，一個人展示給他人的首先是其禮貌方面的素養。要想建立起良好的人際關係，就應該先學會禮貌待人。身為家長，千萬不要忽視培養孩子禮貌舉止的重要性！有禮貌的孩子成人後，在交友、戀愛上容易取得成功。

　　首先，懂禮貌的人讓人願意親近。一個人外在顯露的氣質，正是他內在思想、品格、修養的一種反映。講禮貌可以使一個人顯得氣質優雅，從而增添個人的魅力；而一個不講禮貌的人即便有萬貫黃金，也只會讓他人退避三舍。

　　講禮貌的人能在自己與他人之間架起理解和友誼的橋梁。因為這道橋梁，人與人之間的矛盾、糾紛減少了，心與心變得更加融洽了。禮貌使人與人之間的關係變得更加和諧，社會變得更加美好。反之，不講禮貌只能導致矛盾越演越烈，使人心變得更加有隔閡。

　　講禮貌是尊重他人的表現。與懂禮貌、講禮節的人往來，人們能時時刻刻感受到親切和溫暖的力量。因此，一個有禮貌的人，往往能夠贏得更多的朋友。反之，一個不講禮貌、不尊重他人的人，也別指望他人能尊重自己。因失禮於人，可能導

致朋友間的感情破裂。

　　禮貌待人還是一個人成功的最重要資本，是通往成功路上的一張通行證。禮貌的舉止、得體的待人方式，能給人一種如沐春風的感覺。與其合作，人們不但時時有被關懷的感覺，還能有被欣賞和重視的感覺，從而更願意與他共事，也更容易獲得事業上的成功。

**小叮嚀**

培養孩子得體的禮貌需要做到：

1. 讓孩子學會打招呼：你好、請問、再見；客人到家裡問好等。
2. 懂得禮貌用語，常用「請、您、謝謝、對不起、沒關係、抱歉、打擾、請多關照、勞駕、麻煩、請多包涵等」。
3. 做客懂得當客人的禮節，不亂動別人的東西；公共場合不隨便吵鬧、喧嘩等。
4. 吃東西時，不要覺得自己愛吃就全都吃掉，不會謙讓。

好的禮貌習慣是從小養成的。只要家長在日常生活中注意調數，一定能把孩子培養成一個懂禮貌的人！

# 從《小鴨變得有禮貌了》談起

孩子的禮貌意識和習慣都是家長培養的。想要從小培養孩子禮貌的意識，家長應加強教育，比如：先讓孩子聽聽「小鴨變得有禮貌了」的故事 ——

小雞和小鴨是一對很友好的朋友。

有一天，小鴨和小雞出去玩，在路上碰到了小刺蝟。

不一會兒，小刺蝟不小心刺到了小雞和小鴨，小刺蝟說：「對不起。」小雞說：「沒關係。」可是，小鴨一聲都不吭就走了。

小刺蝟說：「小雞有禮貌，小鴨沒禮貌。」

小雞和小鴨繼續往前走，走呀走，走到兔小姐門前。

兔小姐請他們吃西瓜。小雞說：「謝謝您！」可是小鴨一聲都不吭。

兔小姐說：「小雞有禮貌，小鴨沒禮貌。」

小刺蝟和兔小姐心裡想：「怎麼能讓沒禮貌的小鴨變成有禮貌的小鴨呢？」

對了！牠們有了好主意，牠們想舉行一個「動物文明賽」。

小鴨也想參加。兔小姐說：「你不是有禮貌的小鴨，不能參加。」小鴨說：「如果我是有禮貌的小鴨，能不能參加？」

這時，小刺蝟走來，故意刺到了小鴨。小刺蝟說：「對不起。」小鴨說：「沒關係。」

兔小姐拿蘋果給小鴨吃，小鴨高興地說：「謝謝您。」

小鴨參加了動物文明賽，後來，成了文明動物。

你看，懂禮貌的孩子人人誇，不懂禮貌的孩子討人厭。要做一個有禮貌的孩子就應該做到：見到熟悉的人要打招呼和問好；當別人幫助自己的時候要說謝謝；不小心碰到了別人或者傷了別人的心，應該說對不起。只要從小養成這種懂禮貌的好習慣，我們也能成為讓人喜歡的好孩子。

## 備選故事任你挑

禮貌在生活中的作用不容忽視。有了它，人與人之間的交流將變得更順暢；有了它，心與心的交流將變得更有可能；有了它，成功的路上將會少卻許多障礙……你的孩子在哪些情況下表現得不夠有禮貌呢？下面，編者為你的孩子選了一些精彩有趣的備選故事，以便你可以針對孩子不同的「沒禮貌」情況，選擇合適的故事教育他們。讓孩子窺一斑而知全貌，聽一個故事而解父母的「心聲」。

### ▌小貝南借水彩筆

週末的早上，陽光和煦，到處是綠樹鮮花，美麗極了。

7 歲的小貝南拿起一支鉛筆，想把窗外的美景畫下來。自己畫得雖然很像，但是沒有顏色呀！貝南想起隔壁王爺爺家有七色水彩筆，就跑去敲門。

「老頭，你家的水彩筆呢？借我用用！」

王爺爺很不高興，開門後又把門給關上了。貝南再敲門，王爺爺這次不開門了。

小貝南想：「王爺爺可真小氣。」

姐姐知道後，耐心地對他說：「爺爺不借你東西，是因為你不懂得禮貌。向老人打招呼不能用『老頭』，這是不尊重別人的表現。當你想向別人借東西的時候，應該說：『請問』；如果別人幫了你的忙，你就應該說：『謝謝！』這樣，別人才願意把東西借給你，不是嗎？」

小貝南聽了，懂事地點點頭。這一次，他又去隔壁敲門。只見他一邊敲一邊喊：「王爺爺，剛才對不起，我太沒禮貌了！」

一會兒，王爺爺聽到喊聲便開了門，貝南很客氣地說：「請問您有水彩筆嗎？我想借來用！」

王爺爺聽了，笑咪咪地說：「這就對了，這才是有禮貌的表現！」

小貝南聽了，高興地接上一句：「謝謝！」

王爺爺一聽，眼睛都瞇成了一條縫，非常開心地說：「好，小貝南真是好孩子！」

從此以後，小貝南成了一個懂禮貌的好孩子，大人們都表揚他呢！

生活中常有這樣的小朋友，不懂禮貌，對別人出言不遜，這會讓人非常反感。相反地，懂禮貌的孩子，不但讓人喜歡，

還能受到表揚。小貝南的例子就是這樣。在小貝南不懂得禮貌稱呼的時候，王爺爺理都不理他；但小貝南學會了講禮貌以後，王爺爺對他的態度馬上就改變了，不但把水彩筆借給了他，還誇獎他。這說明，禮貌是多麼重要啊！

## 鴨子「喂」先生

從前，有一隻很不懂禮貌的鴨子，大家都叫牠「喂」先生。為什麼會叫這個名字呢？還是來聽聽有關牠的故事吧！「喂」先生到商店裡買東西，總是搖搖擺擺地走進來，扯著大嗓門對售貨員叫道：「喂，拿條圍巾給我。喂，我還要買一頂帽子。」

牠到劇場看表演，老是坐在位子上不滿地嚷嚷道：「喂，大聲一點，大聲一點！我一句也聽不清。喂，前面的人坐低一點，擋到我了。」

現在，你應該知道這隻鴨子為什麼叫「喂」先生了吧？

可是「喂」先生對自己的這個名字一點也不在意，依然「喂、喂」地叫著別人。於是，牠身邊的朋友越來越少。是啊，誰會喜歡像牠這樣沒有禮貌的傢伙呢？

聽了這個故事，我們知道了：鴨先生之所以沒有朋友，就是因為牠沒有禮貌。沒有禮貌的人是不受人歡迎的。我們可不要這樣哦！

## ▌值錢的禮貌

　　生活中，很多孩子因為家長過於嬌慣，養成了唯我獨尊、不講禮貌的壞習慣，總以為每個人都應該滿足他的願望，因為爺爺奶奶、爸爸媽媽就是這樣的。這種性格的養成，對孩子有百害而無一利。因為這個社會，只有禮貌才是最值錢的 ──

　　一位很有名的劇院經理來拜訪大仲馬（19 世紀法國知名作家之一）。

　　一見面，只見他連帽子也沒脫下，就火冒三丈地問這位劇作家：「親愛的大仲馬先生，你為什麼要把最新的劇本賣給一家小劇院的經理呢？難道我們劇院的名字還不夠大嗎？」

　　大仲馬微笑著說：「是的，你們的劇場是夠大。」

　　這位經理傲慢地說：「那難道他出的價錢比我們的高？這樣吧，我出比那個小劇院經理高一倍的價錢，你把劇本要回來賣給我們吧！」

　　大仲馬笑了笑說：「不，他其實只用一個很簡單的方法，就以很低的價格把劇本買走了。」

　　「那是什麼辦法呢？」經理非常好奇！

　　「因為他以與我交流為榮，並且一見面就脫下帽子。」

　　那位劇院經理一聽，面紅耳赤！

　　孩子，一個人可以沒有金錢，沒有地位，沒有智慧，但不能沒有禮貌。學會禮貌待人，在尊重別人的同時你會發現自己

也正被別人尊重著。而一個人即使家財萬貫，但不懂禮貌、不知道尊重他人，同樣也無法得到他人的尊重！所以，金錢的價值與禮貌相比，還是禮貌與尊嚴重要！

## ▌禮貌是人生的第一課

生活中，有很多孩子聰明過人、智力超群，但就是沒有意識到禮貌的重要性。仰仗自己的優點而做出一些傲慢的事情，這會讓他人產生排斥心理。因為，只有謙遜的禮節、得體的禮貌才能贏得他人的欣賞。如果你的孩子也需要上這樣的一課，不妨講講這個故事給他聽 ——

禮貌在任何時候都有用，特別是它更能透過一些小事情展現一個人的品格。美國耶魯大學有一批應屆畢業生，共 22 人，實習時被導師帶到華盛頓的白宮某軍事實驗室裡參觀。

全體學生坐在會議室裡等待該實驗室主任胡里奧的到來，這時有祕書幫大家倒水，同學們表情木然地看著她忙碌，其中一個還問：「有黑咖啡嗎？天氣太熱了！」祕書回答說：「抱歉，剛剛用完了。」有一個名叫比爾的學生看著有點彆扭，心裡嘀咕：「人家倒水給你，還挑三揀四的。」輪到他時，他輕聲說：「謝謝，天氣這麼熱，辛苦了。」祕書抬頭看了他一眼，滿臉驚奇，雖然這是很普通的客氣話，卻是她今天第一次聽到。

然而，隨後卻發生了一件很尷尬的事。當胡里奧主任推開門走進來和大家打招呼時，不知怎麼回事，會議室裡靜悄悄的，沒有 —— 個人回應。比爾左右看了看，猶豫地鼓了幾下掌，同學

們這才稀稀落落地跟著拍手，不整齊的拍手聲越發顯得零亂。胡里奧主任揮了揮手說：「歡迎同學們到這裡來參觀。平時這些事一般都是由辦公室負責接待，因為我和你們的導師是老同學，非常要好，所以這次我親自來跟大家講一些相關的情況。我看同學們好像都沒有帶筆記本，這樣吧，王祕書，請妳去拿一些我們實驗室印的紀念手冊，送給同學們作紀念。」

接下來，更尷尬的事情發生了，大家都坐在那裡，很隨意地用一隻手接過胡里奧主任雙手遞過來的手冊。胡里奧主任臉色越來越難看，走到比爾面前時，已經快要沒有耐心了。就在這時，比爾禮貌地站起來雙手握住手冊，恭敬地說了一聲：「謝謝您！」胡里奧聽到這句話，不覺眼前一亮，他伸手拍了拍比爾的肩膀，說：「你叫什麼名字？」比爾照實作答，胡里奧微笑著點頭回到自己的座位上。

兩個月後，在畢業去向表上，比爾的去向欄裡赫然寫著該軍事實驗室的名字。有幾個頗感不滿的同學找到導師：「比爾的課業成績最多算中等，憑什麼選他而沒選我們？」

導師看了看這幾張尚顯稚嫩的臉，笑道：「是人家點名來要的。其實你們的機會是完全一樣的，你們的成績甚至比他還要好，但除了課業，你們還需要學的東西太多了，修養是第一課。」

能力是無形的，需要時間去驗證。但禮貌卻是有形的，讓人一眼就能看到。在生活中，一個舉止得體、待人有禮的人一定會贏得成功的機會；相反地，一個自以為很了不起，不懂得禮貌與尊重的人，會與成功失之交臂！

## 一個不講禮貌的孩子

生活中不講禮貌的行為屢見不鮮，只是我們並沒有意識到罷了！讓孩子聽聽以下的故事，也許能讓孩子對自己的一些行為有所控制——

丁丁是個可愛的小男孩，爺爺奶奶非常疼愛他，恨不得把他捧在手掌心呵護著呢！

就是因為這樣，丁丁養成了不講禮貌的壞習慣。

你瞧，坐公車的時候，他在公車上跑來跑去，一下子撞到人，一下子抱著柱子跳「鋼管舞」，媽媽怎麼喊都沒用。被撞到幾次的乘客說：「怎麼會有這麼討人厭的孩子？」媽媽聽了，臉上白一陣青一陣的，但是有什麼用呢？如果打他、罵他，他就一定要在這種大眾場合下又哭又鬧了，這媽媽就會更下不了臺。為此，媽媽只好提前帶著他下車了。

爸爸媽媽帶著丁丁去參加同事的婚宴。在喜宴桌上，新郎新娘過來敬酒，丁丁竟脫口而出：「媽媽，新娘好醜。」當下，新娘的臉沉下來了，所有的人都很尷尬。可是丁丁仍然沒有意識到自己的錯誤，又加了一句：「新郎叔叔的嘴巴好臭哦！」這時，爸爸媽媽難堪得恨不得找一個地洞鑽進去。還好，新郎的爸爸打圓場：「哈哈，孩子不懂事，沒事，沒事！」回家以後，爸爸媽媽把丁丁關在屋子裡狠狠地教訓了一頓。這次，爺爺奶奶也沒有再幫助丁丁。

哎，這丁丁還真的不懂事！如果你是丁丁的朋友，你會

喜歡他嗎？一定也不會！所以，我們一定要記得，講禮貌不僅僅是會講請、謝謝、對不起，還應該做到在公共場合不大聲吵鬧、喧譁。誠實雖然是好的，但不分場合亂說話是會讓別人覺得尷尬的，難免讓別人下不了臺。所以，還要注意說話的場合，只有這樣的孩子才會討人喜歡的哦！

## 孤獨的熊貓咪咪

　　生活中有這麼一些「獨行俠」，總是什麼事情都是自己說了算，一點都不考慮別人的感受，更不懂得要有禮貌，要尊重別人。如果你的孩子也有同樣的問題，你不妨講講以下這個故事 ——

　　　　在一座高高的山上，長滿了密密的竹子，這裡住著熊貓一家。家裡有熊貓爸爸、熊貓媽媽和牠們的小寶寶 —— 咪咪。

　　　　因為只有咪咪這麼一個孩子，爸爸媽媽把牠看做掌上明珠，對牠百般寵愛。咪咪要什麼，就給牠什麼，恨不得把天上的星星也摘下來送給牠。從早到晚，爸爸媽媽都圍著牠轉，聽牠使喚，咪咪簡直成了家裡的小霸王。

　　　　一個晴朗的日子，黑熊媽媽帶著小黑熊來到熊貓家做客。熊貓媽媽十分熱情地接待了牠們，還拿出一串黃澄澄的香蕉請小黑熊吃，咪咪猛地從媽媽手裡奪下香蕉：「這是我的！」牠把香蕉全抱在懷裡，一根接一根地剝著吃，嘴裡還故意發出「叭叭」的聲響。

爸爸又拿出花皮球給小黑熊玩，咪咪扔下香蕉，又搶過皮球：「不給！不給！」

「咪咪，不許這麼沒禮貌！」媽媽生氣了。

看著爸爸媽媽今天沒依著牠，咪咪放聲大哭，遍地亂滾，無論對牠說多少好話，牠都不肯起來。

真掃興！黑熊媽媽只好帶著小黑熊回家了。

咪咪這般無禮，誰也不願再到牠家做客了。可是，咪咪偏偏愛熱鬧，家裡太寂寞了，牠就跑出去找小夥伴玩。

剛走出門，牠聽見一隻百靈鳥在歌唱：「圓溜溜的太陽爬上坡……」

牠朝東邊一看，鮮紅的太陽才露出一半，明明是扁的嘛！這小小的百靈鳥竟敢亂唱，咪咪大喝一聲：「住嘴！太陽是扁的，不是圓的。」

「什麼，太陽是扁的？哈哈哈！」樹上的百靈鳥大笑起來。

「你敢笑我？」咪咪抱著樹猛搖起來，一邊搖一邊叫：「我說扁的就是扁的。」

百靈鳥被嚇跑了。

咪咪來到草地上，一群小猴子正在那裡騎車玩。咪咪走過去：「我們來比賽騎車！」比賽開始了。小猴子們把車蹬得飛快，咪咪笨拙地蹬著車，遠遠地落在了後面，牠把車重重地摔在地上：「騎車不算數，我們來比爬樹！」

「一、二、三……」咪咪才爬了三步，小猴子們已上了樹頂。

「咪咪輸了！咪咪輸了！」

咪咪惱羞成怒，牠一掌打在一隻小猴子的臉上，小猴子捂著臉嗚嗚直哭，牠卻像一個勝利者似的，大搖大擺地走了。

從此，沒有誰再理睬咪咪了，只要見牠來了，大家都躲得遠遠的。咪咪失去了所有的朋友，感到十分孤獨。牠找到老象爺爺，向牠訴說心中的痛苦，還流下了傷心的眼淚。老象爺爺慈愛地看著牠，語重心長地說：「孩子，好好想一想，大夥為什麼不願和你在一起？想明白了，你就不再是孤獨的咪咪了。」

孩子，小朋友們為什麼不願意再搭理咪咪呢？那是因為咪咪太任性、太自以為是，太不講理了。所以呀，我們可不能像咪咪那樣成為不受歡迎的人。不過，如果咪咪能改正自己的缺點，牠失去的朋友一定會再次回到牠的身邊，你說是不是呀？

## 到小鎮來的人

老人和小孫女靜靜地坐在一個小鎮郊外的馬路邊。

一位陌生人開車來到這個小鎮，看到老人便停下車打開車門，向老人問道：「老先生，請問這個城鎮叫什麼名字？住在這裡的人屬於哪類人？我正在尋找新的居住地！」

老人抬頭看了一眼陌生人，回答說：「你能告訴我，你原來居住的那個小鎮上的人是什麼樣的嗎？」

陌生人說：「他們都是一些毫無禮貌、自私自利的人。住在那裡簡直無法忍受，根本無快樂可言，這正是我想搬離的原因。」

聽了這話後，老人說：「先生，恐怕你又要失望了，這個鎮上的人和他們完全一樣。」陌生人快快地開車離開了。

過了一段時間，另外一位陌生人來到鎮上，向老人提出了同樣的問題：「住在這裡的是哪一種人呢？」

老人用同樣的問題來反問他：「你現在居住的鎮上，人是怎麼樣的呢？」

陌生人回答：「哦！住在那裡的人非常友好，非常善良。我和家人在那裡度過了一段美好的時光，但是，我因為職業的原因不得不離開那裡，希望找到一個和以前一樣好的小鎮。」

老人說：「你很幸運，年輕人，居住在這裡的人都是跟你們那裡完全一樣的人，你將會喜歡他們，他們也會喜歡你的。」

陌生人走後，老人的小孫女不解地問老人道：「爺爺，為什麼兩個人問的問題一樣，而你的回答卻截然相反呢？」

老人笑道：「那是因為，一個人心裡裝著什麼，眼睛看到的便是什麼啊！」

一個人心裡裝著什麼，眼睛看到的便是什麼。如果一個人覺得他所居住的整個小鎮上的人都是一些毫無禮貌、自私自利的人。那麼，可以肯定的是，他自己的心胸、修養、道德等，都出現了問題。

## 給家長的悄悄話

　　生活中，孩子不講禮貌的現象有很多，比如見人不打招呼、不會禮貌用語、不懂得致謝、在公共場合吵鬧等；此外，還有一些孩子用粗話罵同學、去別人家做客隨便翻東西……此類行為，讓他人不堪其煩。其實，孩子不懂禮貌與家庭教育或多或少有直接或者間接的關係。

　　首先，家長缺乏引導。在生活中，許多家長能意識到要培養孩子禮貌的行為，讓孩子學會跟別人打招呼、問好、道謝等，但沒有告訴他這樣做的重要性和意義。這樣，孩子缺乏目的指引，自然不會形成自覺的行為習慣。

　　其次，家長自身的行為缺乏說服力。如果家長平常不注意用「禮貌」去要求自己的言行，反而告訴孩子要講禮貌，這對孩子而言，是強人所難。而如果家長自己有禮貌，家長互相之間有禮貌，之後要求孩子也這麼做，孩子自然而然也就很容易學會了。

　　第三，家長忽視了「禮貌」的重要性。孩子年齡尚小，分辨「對」、「錯」的能力不夠強。而家長們往往以為孩子說髒話、亂翻別人東西等都是一些小事情，不需要斤斤計較。只要孩子成績好，這些小問題都可以忽略。於是，在生活中，這些家長對孩子一些不禮貌的行為總抱以睜一隻眼閉一隻眼的態度。正是家長的這種態度，導致孩子的行為越來越惡劣！

因此，當孩子出現不禮貌待人的行為習慣時，做家長的一定要追究自己的責任。對於孩子來說，禮貌的習慣是在家長長期的教育與薰陶下形成的。只有從小培養孩子禮貌的觀念，才能培養出一個待人彬彬有禮的孩子。

如果孩子因為長期積習難改，那麼家長要想出相對應的辦法進行糾正。當孩子出現各種不禮貌的言行時，千萬不能置之不理，也不能大打出手，這兩種做法對糾正孩子的行為是不利的。

## 家長應該如何糾正孩子不禮貌的行為

· **家長以身作則，用自己的行動告訴孩子禮貌的可貴**：如在日常生活中，家長一定要注意自己的言行舉止。不在孩子面前罵人、說粗話；不爭搶；讓座給老人等，這些行為的影響遠比語言更有力度。孩子耳聞目睹家長禮貌的言行和舉止，不但受到了薰陶，還會更加地服從和尊重家長。

· **在生活中多講一些禮貌的規則給孩子聽**：在日常生活中，讓孩子了了解一些起碼的禮貌規則很有必要。家長應讓孩子從小就知道哪一種行為是有禮貌的，而哪一種行為是沒有禮貌的。比如：在公共場合，安靜是禮貌的，吵鬧是無理的；買東西的時候排隊是有禮貌的，反之就是沒有教養、沒有禮貌……讓孩子學會禮貌用語和舉止，這樣才能慢慢成為一個有禮貌、知書達理的好孩子。

27

- **注重孩子個人禮儀的培養：**個人禮儀包括儀容儀表、儀態舉止、談吐、著裝等幾個方面。

  以儀容儀表來說，主要要求整潔乾淨，臉、脖頸、手等都要洗得乾乾淨淨；以儀態舉止上來說，主要從站姿、坐姿、行姿以及神態、動作方面提出要求，要求站有站相，坐有坐相，表情神態要表現出對他人的尊重、理解和善意，忌諱隨便剔牙、掏耳、摳腳等不良動作習慣；從談吐方面講，要求講話態度要誠懇、親切，不說髒話，簡潔得體，不能沉默無言，也不能喋喋不休或者東張西望，翻看其他東西；以衣著方面來說，要求乾淨、整潔、得體，不要皺皺巴巴。

- **多表揚和鼓勵孩子，少一些批評和指責：**當孩子有一些講禮貌的行為時，家長盡量用鼓勵和表揚去強化他的行為，讓孩子了解到「嘴巴甜」的好處。如果孩子有一些不盡如人意的舉止，盡量與孩子開誠布公地交談，告訴他這樣的行為是會讓人不高興的。讓孩子將心比心，體會別人的感受與反應，可以問孩子：「如果別人也這麼說你，你會不會很難過？如果會，就不要這麼說。」也要提醒孩子，常常說這種話會得罪人，沒有人喜歡跟他做朋友。和孩子討論他的情緒感覺，建議他使用其他文雅有禮的語句，會比純粹的斥責更有效。

- **讓孩子學會做小主人**：比如客人來了，要打招呼問候。還可以讓孩子請客人就座，幫客人倒茶、送水果等。孩子從他人欣賞的目光中意識到「禮貌」的好處，自然就更喜歡表現了。

- **帶孩子做客，家長應該教育孩子做客的基本知識**：讓孩子明白有好東西要分享。無論做客也好，做主人也好，幫孩子打一支講禮貌的預防針十分必要。童年學會講禮貌，會為孩子以後的人際交流打下良好的基礎。

- **讓孩子在分析與比較中了解到什麼是禮貌**：分析、比較他人的行為，從而得出結論：什麼樣的做法是正確的，什麼樣的行為又是沒有禮貌、不正確的。

總之，孩子禮貌的行為習慣，只有在家長有意識的監督下，才能達到更好的效果。

## 家長需要注意教育孩子的說話方式

1. 許多家長總喜歡這樣說：「你總是把房間搞得亂七八糟！」、「如果你不寫感謝便條，就不准你看電視！」、「你怎麼用這種口氣跟我說話！」……家長的本意是想改正孩子的行為，而結果往往不令人滿意。孩子的一些錯誤行為往往出於考慮少，而不是有意冒犯。嚴厲斥責、制定規矩有時會使他們產生反感和牴觸情緒。

也許，你可以換一種表揚或者提示的說法：「阿姨來了，如果你能與她握手，還幫她搬椅子，我們會為你感到驕傲的。」、「今天，王爺爺表揚我們家的小明居然跟他打招呼了，哎，真是變得有禮貌了！」經常這樣的提示和表揚，你會發現不久後，你就不需要責罵了。

2. 如果你想說：「你這個沒教養的孩子，把手肘從桌子上拿開！」可以換成這樣說：「我們家的規矩是：吃飯時手臂不放在桌子上。」這樣孩子比較容易接受，因為你是在說一種行為，而不是在批評他。

總之，引導孩子養成有禮貌、舉止得體的行為習慣，既要求孩子做到，又不能因為言行過激，傷害了孩子的自尊。這樣，才能得到事半功倍的效果。

## 親子加油站

「你要成為有禮貌的孩子。」、「一定要使用敬語。」、「要學會關心別人。」

用這種方式教育孩子，就相當於嚴厲地呵斥孩子。因為禮貌是非常抽象的概念，孩子無法明白「有禮貌的孩子」是什麼樣子的、怎樣才能成為「有禮貌的孩子」，如果盲目地要孩子有禮貌，孩子就會認為自己做錯了事情，因此只會影響到孩子的情緒。所以，要想孩子有禮貌，應該告訴孩子什麼樣的行為是有禮貌的。這樣的教育效果遠比單純的說教有效，也不會因此傷害孩子。做一個聰明的家長，一定要注意你的教育方法。

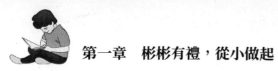

# 第一章　彬彬有禮，從小做起

# 第二章
# 讓孩子學會尊重每一個人

尊重是指尊敬或重視個人、集體或有關的抽象事物，如意見、權利等。尊重他人，是每一個孩子必備的品德。只有尊重他人的孩子，才可能正視他人的意見，才有可能接受他人的教育。尊重，也是人際關係的起點。不尊重他人的人，也不會得到尊重。這樣，人際關係之間就會有許多摩擦，就會在人生的路上失去他人的幫助和支持。

如果我們想讓孩子成為一個受歡迎的人，就必須身體力行，在尊重孩子的過程中讓孩子學會尊重他人。

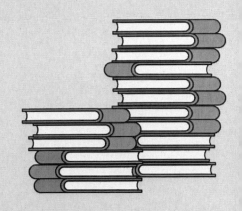

# 不尊重他人的人得不到尊重

尊重他人是一種優良的心理特質，是現代社會不可缺失的美德。尊重他人的人，通常都會給人一種溫和文雅、善良有禮、同情體諒他人、關心他人人格的表現。而缺乏尊重他人特質的人，通常表現為 ——

目無尊長。這些孩子不把長輩放在眼裡，動不動就頂撞家長或者老師，甚至摔門拍桌子，這些都是傷害別人的舉動，輕則傷害了家人的情感，重則導致矛盾越來越多。

嘲笑，看不起比自己差的人。自我感覺比較良好，只要有誰表現得不如自己，這些孩子就會嗤嗤發笑，用各種行為嘲弄、挖苦不如自己的人。

嘲弄身體上有殘缺的人。看到相貌差或者身體有殘缺的人，這些孩子會有一些攻擊性的行為，比如罵人、扔石塊等。

瞧不起窮人。動不動就說：「鄉巴佬，真臭呀！」、「連這些都不會，真的是沒有見識。」等等。這些咄咄逼人，傲慢無禮的行為恰恰是孩子不懂得尊重他人的表現，更是孩子素養低下的表現。

不尊重老人。不懂得在公共場合讓座給老人，不懂得要尊重長輩的教導。遇到年長者教育自己，常常出言不遜。

跟他人說話鼻孔朝天。這些孩子總擺出一副不可一世唯我獨尊的樣子。這種行為很容易引起別人的反感。

以上這些不尊重他人的行為，只能導致孩子在今後的人生路上四處碰壁。身為家長，我們有責任教育孩子養成尊重他人的習慣。因為，尊重他人，不但能讓受尊重的人倍感被尊重的溫暖，同時還能為自己樹立起良好的形象。尊重他人的孩子，同樣能夠得到他人的尊重和信賴；不尊重他人的孩子，會失卻必要的尊重和信賴，結果是傷了別人，也害了自己。

### 小叮嚀

如何了了解你的孩子是否懂得尊重他人？

1. 從孩子日常行為中了解。在日常生活中，孩子對長輩的態度，對鄰居的態度，對小朋友等的態度如何，恰是了解孩子能否尊重別人的有效管道。如果孩子有類似不尊重他人的行為傾向，家長要多教育。

2. 多跟孩子溝通交流。讓孩子談談日常生活中對一些現象的看法，如果發現孩子有不尊重他人的跡象，要及時引導和糾正。

3. 從孩子的老師與同學那裡了解。孩子是否喜歡叫別人的外號，嘲笑別人的缺陷，不重視他人的勞動成果等。如果孩子有一些不尊重他人的行為，家長應心平氣和地與他們進行溝通、交流！

# 講個《螢火蟲找朋友》的故事

有的孩子受到過分寵愛，養成唯我獨尊的個性。他們霸道，愛欺負人，動不動就幫別人取外號，嘲笑別人。這樣的行為影響到孩子的正常人際交流。如果你家有這樣調皮的小孩子，不妨讓他聽聽《螢火蟲找朋友》這個故事，也許他就能明白自己的錯誤了——

不知道為什麼，螢火蟲一個朋友也沒有。牠孤單極了，決定出去找朋友！

螢火蟲在池塘邊碰到了小青蛙，就對小青蛙說：「小青蛙，大笨蛋，後腿長，前腿短，快來和我一起玩。」小青蛙聽了，很不高興地瞪了牠一眼，轉身跳到水裡，不理牠了。

就這樣，一整天，螢火蟲連一個朋友也沒找到。牠傷心極了，回到家裡就撲到媽媽的懷裡哭了起來。螢火蟲媽媽說：「如果有人笑話你，你會和他做朋友嗎？我們都不喜歡和不尊重自己的人做朋友。」螢火蟲聽了媽媽的話，羞澀地點了點頭。

晚上，吃過晚飯，螢火蟲打著燈籠來到池塘邊。他看見小青蛙正在捉蚊子，就說：「小青蛙，膽子大，蚊子見了都害怕。請求你，原諒我，你捉蚊子我照亮，捉完蚊子再去玩。」小青蛙聽了很高興，原諒了螢火蟲。

從此，牠們成了最好的朋友。每天晚上，小青蛙捉害蟲的時候，螢火蟲就來給牠打燈籠呢！

生活中不乏故事中「螢火蟲」那樣的孩子，他們不知道不尊重別人給他人帶來的傷害，給自己帶來的影響。所以，總喜歡笑話別人。透過這個故事，你的孩子是否明白了不尊重他人的壞處呢？如果孩子已經意識到了，那麼這一故事教育法便達到了它應有的效果。如果孩子還恍然不覺，不妨以此為例，勸誡孩子學會尊重別人。如對長輩有禮貌，不打架，不罵人，尊重別人的勞動，上課不遲到，不亂扔果皮紙屑等。

## 備選故事任你挑

每一位家長都有「望子成龍，望女成鳳」的心願，而「龍」與「鳳」並不是輕易就能變成的。這不僅需要孩子有淵博的學識，還要有健康的心志，善於理解人、尊重人的特質。以下的這些故事能夠幫助孩子更多地了解到尊重他人給自己帶來的諸多好處。

### 傲慢的羅馬公主

在我們的生活當中，總有這麼一些「小公主」、「小皇帝」們，他們驕傲跋扈，不懂得尊重別人，總是以嘲笑與奚落別人為樂。當你的孩子也有這樣的傾向時，請不要姑息他，找個機會給他們講講《傲慢的羅馬公主》給他聽 ——

## 第二章　讓孩子學會尊重每一個人

有一天，羅馬公主遇到了一個相貌醜陋但博學多才的大學者。傲慢的公主當眾奚落他說：「在相貌醜陋的人的腦袋裡，怎麼可能有了不起的智慧呢？」

畢竟是大學者，在受到如此的羞辱之後，他不但沒有惱怒，反而不卑不亢地與公主嘮起了家常：「尊貴的公主，王官裡一定有很多上等的美酒吧？」

公主得意地點了點頭：「那當然。」

大學者又問：「那些美酒裝在什麼容器裡？」

公主毫不猶豫地回答：「都裝在罈子裡。」

大學者故作驚訝，惋惜地問：「貴為羅馬帝國的公主，為何不以富麗堂皇的金器、銀器盛酒，反而以粗陋的罈子裝酒呢？」

公主覺得他的話很有道理，便令官中僕人立刻改用金器、銀器來裝酒。

幾個月之後，皇帝舉行國宴時突然發現，那些珍藏多年的美酒竟然變得索然無味了。皇帝勃然大怒，下令追查此事。

嬌生慣養的公主只好承認是自己讓僕人幹的。原以為這樣會更好，沒想到反而把事情弄糟了。公主此刻才想起，這都是大學者唆使她幹的。於是，她派人將學者找來算帳。

「你為什麼讓我用金器、銀器來裝酒呢？」公主怒不可遏地問。

大學者微微一笑：「我只是想透過此事讓妳明白：就像粗陋的罈子裝美酒一樣，世界上有許多珍奇貴重的東西，必須裝在貌似普通的容器中，才能保存其獨特的價值。識人用人也是如此，上上人可能有下下智，下下人可能有上上智，切不可以貌取人、以貌欺人。」

　　驕傲的公主這才知道是自己以貌取人，不懂得尊重他人造成的結果，從此再也不敢小看別人了。

　　孩子，在我們的身邊，總有些人相貌不出眾，少言寡語，但卻得到別人的尊重，大家都願意和他們交流。可是也有一些人，雖然外表好看，能說會道，但卻得不到別人的尊重。這是因為這些人通常太過傲慢無禮，不懂得尊重人，總喜歡嘲笑和奚落別人。所以，我們尊重別人的時候，同樣也能得到別人的尊重。

## 小酷狗帥帥

　　如果你家的孩子嬌縱無理，動不動就嘲笑別人，你不妨講一個《小酷狗帥帥》的故事給他聽——

　　小酷狗長得很帥，黑白相間的大衣，再戴上一副酷酷的太陽鏡，使牠看上去像一個大明星一樣，神氣十足。

　　為此，小酷狗非常驕傲，覺得自己是最漂亮的小狗，不，應該說是最漂亮的小動物。

　　有一天，小酷狗來到遊樂場，牠看到大象正費力地爬上湖邊的小船，就哈哈大笑起來：「大象大象，你這麼笨重，一定會壓沉這艘小船的。我看你還是直接跳到湖裡吧，上了船也得沉下去。」大象聽了這話，氣呼呼地走開了。

　　小酷狗又來到服裝店，牠看到猴子大嬸正在試穿新衣裳，便捂著肚子大聲笑道：「猴子大嬸，妳也太瘦了，比外面的電線

桿子粗不了多少，妳這樣的身材，這裡根本沒有適合妳穿的衣服。」猴子大嬸聽了，一下子漲紅了臉，非常生氣。

這天晚上，小酷狗因為戴著墨鏡，無法看清腳下的路，一頭栽進了排水溝裡，摔傷了腿，疼得牠坐在地上哇哇大哭起來。

大象和猴子大嬸聽到這個消息後，帶來很多禮物來看望小酷狗。小酷狗躺在病床上，想想自己的行為，羞愧地低下了頭。

孩子，你知道嗎？每個人都有長處，也有短處，故事中的小酷狗就是拿自己的長處去取笑別人的短處，所以不討人喜歡，我們千萬不要學小酷狗，因為這樣會沒人和你一起玩的。要懂得尊重別人，別人才能尊重你。更不能嘲笑別人的短處，應該關心別人，體貼別人，幫助別人，這樣才是個好孩子。

## ▌忘了取筆

尊重所有需要你幫助的人，在幫助他人時不是高高在上的施捨，是在行為上給予別人尊重與幫助 ——

一個商人看到一個衣衫襤褸的鉛筆推銷員，不假思索地將 10 元錢塞進賣鉛筆人的手中，當做施捨。

走了沒幾步後，這位商人突然覺得這樣做不妥，連忙返回來，抱歉地向賣鉛筆的人解釋自己忘了取筆，最後鄭重其事地說：「您和我一樣，都是商人。」

沒想到的是，一年後，在一個熱烈隆重的社交場合上，一位西裝革履的推銷商迎上這位商人，感激地說：「您可能早已忘記

我，但我永遠也不會忘記您。您就是那位重新給了我自尊和自信的人。」

尊重意味著讓自己所幫助的人學會自尊、自立和自強。孩子，現在你知道了自己在平常生活當中應該如何做嗎？

## 音樂家和小女孩

許多孩子比較聰明，得到的表揚也比較多，於是就養成自傲的性格，認為自己高人一等，別人都是笨蛋，如果你的孩子也同樣聰明卻不懂得尊重他人，你可以為他們講講這個故事——

德國著名音樂家華爾，在一次散步中，遇到一位可愛的小女孩。他與小女孩談了一會兒才知道：原來是因為小女孩的父母不同意她學自己喜歡的特長，小女孩子才賭氣跑出來的。

於是，華爾站起來說：「回去告訴妳的父母，今天和妳談話的是音樂家華爾！」

誰知小女孩也立即起身對他說：「回去也告訴你父母，今天和你談話的是小女孩芬妮！」

這件事讓華爾十分震撼，華爾自言自語地說：「今天是我錯了，是我不懂得尊重他人，以後我還要更加學會自謙和尊重他人呀！」

人與人是平等的，不管你是高官還是平民，首先要了解到的就是，你與他人生來平等。所以得到尊重，或者說尊重他人都是必要的。

## ▍教授的尊重

有一次，一位頭髮斑白的老教授和朋友一起去火車站送人。

送走人之後，教授和他的朋友剛走出火車站不遠，就看到一個瘋瘋癲癲的人迎上來攔住了他們的去路。只見這個人衣衫襤褸，頭髮亂蓬蓬的。教授的朋友以為是一個討錢的，就掏出一元錢來遞給他。

可是，那個瘋癲的人竟瞪了瞪教授的朋友，沒有接錢，然後將目光移向了教授，小心翼翼地說：「這位老先生，我看得出來你是個有學問的人，能不能給我講講關羽是怎麼死的？」

教授二話不說，就領著那個瘋子到了一個樓角。他從呂蒙設計，講到關羽敗走麥城，最後遇害，大約用了十幾分鐘時間才講完。教授講得繪聲繪色，那瘋子也聽得津津有味。臨走的時候，瘋子抓住教授的手，眼睛中泛動著晶瑩的淚花：「謝謝你，我求了好多人，只有您才肯跟我講！」

回校的路上，朋友問教授：「他是一個瘋子吧？」教授沉默了一會兒才說：「也許是，但他首先是一個人，只要是人，都是值得尊重的。因為在尊重別人的時候，更重要的還是在尊重自己！」

孩子，尊重不只是一個得到或者給予的問題，其實在給人尊重的時候，同時也得到了別人尊重。當你無視別人的尊嚴的時候，自己的尊嚴其實也打了很大的折扣。所以，讓我們向這位教授學習，做一個懂得尊重他人的孩子。

## 紳士與木匠

英國詩人喬治‧英瑞出身於一個木匠的家庭。他在上流社會中從不隱諱自己的出身。

有個貴族子弟嫉妒他的才華，在眾人面前想出出他的洋相，就對喬治高聲地問道：「對不起，請問閣下的父親是不是木匠？」

「不錯，您說得很對。」詩人回答。

「那他為什麼沒把你培養成木匠呢？」

喬治微笑著，很有禮貌地反問：「對不起，那閣下的父親想必是紳士了？」

「那當然！」這位貴族子弟傲氣十足地回答。

「那他怎麼沒把你培養成紳士呢？」

孩子，以上的這一故事告訴我們：尊重別人就是尊重自己；反之，看不起別人，只能讓自己落入更難堪的境地。因此，要想獲得他人的尊重，要先從尊重他人開始。

## 尊重是用錢買不到的

家境比較好的孩子一般都會沾染上一些「自以為是」的優越感。以為自己有了錢就可以高高在上，俯視他人了。實際上，這些惡習的養成對於孩子並無好處。因為，不管有錢沒有錢，孩子首先應該明白：人，生而平等。即便有錢，如果無德，同樣得不到尊重 ——

## 第二章　讓孩子學會尊重每一個人

有位富翁十分有錢，但卻得不到旁人的尊重，他為此苦惱不已，每日尋思如何才能得到眾人的敬仰。

某天在街上散步時，他看到街邊一個衣衫襤褸的乞丐，心想機會來了，便在乞丐的破碗中丟下一枚亮晶晶的金幣。

誰知乞丐頭也不抬地仍舊忙著捉蝨子，富翁不由生氣：「你眼睛瞎了？沒看到我給你的是金幣嗎？」

乞丐仍是不看他一眼，答道：「給不給是你的事，不高興可以要回去。」

富翁大怒，意氣用事起來，又丟了十個金幣在乞丐的碗中，心想他這次一定會趴著向自己道謝，卻不料乞丐仍是不理不睬。

富翁幾乎要跳了起來：「我給你十個金幣，你看清楚，我是有錢人，好歹你也尊重我一下，道個謝你都不會。」

乞丐懶洋洋地回答：「有錢是你的事，尊不尊重你則是我的事，這是強求不來的。」

富翁急了：「那麼，我將我財產的一半送給你，能不能請你尊重我呢？」

乞丐翻著一雙白眼看他：「給我一半財產，那我不是和你一樣有錢了嗎？為什麼要我尊重你。」

富翁更急起來道：「好，我將所有的財產都給你。這下你可要尊重我了。」

乞丐大笑：「你將財產都給了我，那你就成了乞丐，而我成了富翁，我憑什麼來尊重你。」

　　故事中的富翁有錢後，希望得到別人的肯定與尊重，而乞丐的頑強，則更是清楚地說明了金錢與尊重在很多情況下是難以劃上等號的。富翁如果能夠意識到這一點，要想受人尊重也就不難了。富翁錯就錯在，以為自己有了錢，就可以得到一切！

## ▍上天堂與下地獄

　　有一位中年人常在週日到教堂做禮拜，他通常會坐在第一排，但是不久便開始打瞌睡。這樣的情況讓牧師有些不高興，於是他想要教訓一下這位中年人。

　　在一次講道的中途，他突然問道：「在座的各位，有誰在死後想要上天堂呢？想到天堂的，請站起來，讓我知道有多少人有如此的決心。」

　　大家聽到此話，幾乎同一時間都站了起來，只剩下那位中年人，坐在椅子上沉睡不醒。

　　牧師請大家坐下後，繼續接著講道。沒多久，他故意往中年人的方向提高嗓音：「想要下地獄的人，請站起來。」

　　中年人被突如其來的聲音嚇醒，意識模糊地站起來。

　　中年人一臉茫然，看見所有的人都坐著，只有他一個人站著，於是他問道：「我不知道你問大家什麼，只是為什麼只有你和我是站著的？」

　　牧師一臉尷尬，不知怎麼說下去。

孩子，戲弄別人只會讓彼此之間的荊棘叢生，築起人與人之間的籬笆圍牆。荊棘刺傷的不僅是他人，是路人，還可能刺傷自己；籬笆圍牆隔開的，也不只是他人，還有自己，外加自己的心靈。因此，不要自作聰明地試圖去戲弄他人。

## 給家長的悄悄話

孩子的道德心不是天上掉下來的，他不尊重別人，可能是他沒有學會尊重，他可能也沒有體驗過被尊重，這不正是家庭教育的缺陷嗎？只有被尊重的人才會尊重別人。孩子不會尊重人的原因分析起來，大體有如下幾個方面：

- **過分縱容，導致孩子不懂得尊重人**：太過溺愛孩子，家庭對孩子教育方式的不正確乃至缺失，致使孩子目無尊長，不懂得尊重他人。

  身為家長，應該加強溝通，鼓勵孩子真實地表達自己的情感和想法，用合理適當的方式進行鼓勵和懲罰，為孩子樹立起勇於承擔責任和知錯就改的意識，身體力行地教育孩子關懷和尊敬他人。

- **家長過分灌輸自己「高人一等」的觀念，讓孩子不屑於尊重他人**：很多家長，因為家庭背景比較好，經濟條件相對優越，就對那些「弱勢」的族群百般鄙薄，認為那是人家沒有能力，動不動就嘲笑、挖苦，孩子在這樣的環境中，

體會到的是家長的刻薄，又如何能懂得尊重他人呢？

孩子的效仿能力強很容易就能把家長的這些行為運用到自己的日常生活中，欺負自己的同學、辱罵比自己差的人等現象就是這樣發生的。要想你的孩子能夠尊重他人，為人父母，需要以身作則。給孩子樹立一個良好的榜樣。

- **自我感覺良好，導致孩子不會尊重人**：自我感覺良好，覺得自己腦子靈活、優秀，所以就難免傲氣、霸氣，看不起別人。總要求他們應該這樣或者那樣。達不到理想的效果，就會用素養差或者笨來概括。卻不知這種想按照自己的意志去勉強他人改變的行為，是對人的不尊重，是一種傷害。懂得尊重存有各種不同弱點和缺點的人，能包容他人弱點和缺點同樣是尊重他人的一種表現。

- **家長本身給予孩子的尊重不夠**：就精神世界而言，孩子們渴望得到尊重、得到承認、享有讚譽。沒有喝彩的人生是殘缺的人生。在研究中，我們發現孩子不僅渴望得到同齡人的尊重，也渴望得到成年人的尊重。孩子也希望大人能夠尊重孩子、完全理解孩子，不過分嚴格，也不過分放鬆。尊重孩子不僅是兩代人的交流與合作的需求，也是孩子學會尊重他人的重要前提，因為孩子是從生活中學習的。成年人會在生活中，自覺或不自覺地向孩子滲透自己的生活態度和價值取向。

## 讓孩子從小學會尊重他人

要讓孩子懂得尊重他人，家長要從小培養。

- **要求孩子的說話方式要表現出尊重**：有的父母認為自我表達是一種健康行為，便會允許孩子透過大哭大鬧的手段，來隨便發洩情緒。這絕不是什麼好主意。多數孩子在打了父母，或者用言語頂撞了父母之後，會感到愧疚甚至害怕，因為他意識到自己傷害到了愛自己的人。但如果父母對孩子的無理行為無動於衷，慢慢地，他便不再有不好的感覺，並且不再關心自己的行為是不是影響到了別人。

- **明確指出孩子的無理行為**：很多孩子並沒有意識到自己的言行是不合適的。這時，你需要明確地告訴他：「你剛才說的話非常不好，再也不要這樣說了。」

- **讓他嘗到直接的後果**：提前停止他與小夥伴的玩耍，或者把已經放在購物車裡的糖果退回到貨架。如果當時的情況不允許讓他嘗到直接的後果，就讓他稍後再體會到。比如說：「你剛才的無禮行為，讓我們在超市浪費了很多時間，所以今天晚上我們只能少玩一會兒了。」在行使懲戒職能的時候，一定要記住言出有信。

- **明確表達出你的希望**：向孩子表達「應該尊重他人」這一想法的最好時機，是在他每次發作的間隔。從孩子兩歲半

開始，你應該反覆表明你的期待，比如說「我不贊成拳打腳踢」，「我不喜歡你用言語傷害別人」，或者「我們應為你說過的傷人的話表示道歉」。在孩子小的時候就要明確地為他樹立一些基本的價值觀念，這會為他童年的健康發展奠定一個堅實的基礎。研究發現，父母對孩子的期望表達得越清楚，孩子出現危險舉動的可能性就會越小。

- **從尊重父母開始**：尊重他人需要從尊重自己的父母開始。美國心理學家尤尼斯提出的德育實踐活動理論，注重在道德實踐活動中培養青少年尊重他人的情感，而不是注重提高學生的道德認知，只是告訴孩子你應該尊重他人是不夠的，而應該在生活實踐中，從每一件小事的做法中，讓孩子懂得什麼是尊重，學會應該怎樣尊重他人。

- **當心你說出的每一句話**：有的父母會對孩子抱怨孩子的老師，很快孩子便也會對老師做出相同的議論。雖然並不是我們接觸到的所有人都是正直的、和藹的和值得特別尊重的。但是，當我們成年人在孩子面前抨擊一些人或事的時候，我們發出的信號就會是「不尊重權威是可以的」。

留意你對老師、朋友、祖父母和其他對孩子影響較大的人物的即時評論，要堅決停止說他們的壞話，因為即便孩子不完全理解你的話，語氣裡的不尊重成分也會慢慢滲入他的心靈。

- **讓孩子看到各種表達尊重的方式**：從語言上表現出你的感激之情是顯示尊重他人的強有力的方法。比如當著女兒的面，稱讚她的舞蹈老師演出組織得很好，你還可以聯合其他父母一起為生病的老師製作問候卡，並叫孩子們都簽上名。這些小的表示和認可，傳達的意思是：孩子們心中的權威人物都是為了他們好而努力工作的，他們值得尊重。

- **遇到解決問題時，透過合作來解決**：當孩子回家抱怨老師的時候，不要隨口附和，甚至跟他一起攻擊「敵人」。你應該客觀地了解具體事情的來龍去脈，然後找到禮貌的解決辦法。不要提出對抗性的辦法，如果確實是老師有問題，你可以去跟她說：「我希望我們可以一起努力解決這個問題。」這種方式不僅會有好的結果，也會教會你的孩子一個最重要的道理：如果他尊重別人，他也必然會得到尊重。

## ▎以身作則，才是榜樣

「巨象集團」是美國一家著名的企業，其總部設在紐約曼哈頓，是一幢七十多層樓高的大廈。環繞大廈的是一片鬱鬱蔥蔥的花園綠地，在這寸土寸金之地更顯出該集團與眾不同的實力。

這天，一位四十多歲的婦人領了一個十二三歲的小男孩走進這個花園，坐在長椅上。婦人好像很生氣的樣子，不停地和男孩說著什麼。

　　距他們兩人不遠處，一位六七十歲頭髮花白的老人正拿著一把大剪刀，在幫園中成片的低矮灌木剪平躥出來的枝條，剪過後的一排灌木都齊胸高，頂部齊刷刷的像一道綠色的圍牆。

　　婦人突然從隨身肩背包裡揪出一塊紙巾揉成一團，一甩手扔出去，正落在老人剛剪過的灌木上。白花花的一團紙巾在翠綠的灌木上十分顯眼。老人看了看婦人，婦人滿不在乎地也看著他。老人沒有說話，拿起那團紙扔到不遠處盛放枝條的一個筐子裡。

　　老人拿起剪刀繼續剪枝，不料，婦人又將一團紙扔了過去。「媽媽，妳要幹什麼？」男孩奇怪地問婦人，婦人對他擺手示意讓他不要做聲。

　　老人過去又將這團紙也拿起來扔到筐子裡，剛拾起剪刀，婦人扔過來的第三團紙又落在了灌木上。

　　就這樣，老人不厭其煩地拾了婦人扔過來的六七個團紙，始終沒有露出不滿和厭煩的神色。「看到了吧！」婦人指了指老人對男孩說：「我希望你明白，你現在不好好上學，以後就跟面前的這個老園工一樣沒出息，只能做這些低賤的下等工作！」

　　原來男孩學業成績不好，媽媽生氣地在教訓他，面前剪枝的老人成了「活教材」。

　　老人也聽到了婦人的話，就放下剪刀走過來：「夫人，這是集團的私家花園，好像只有集團員工才能進來。」

「那當然，我是『巨象集團』所屬一家公司的部門經理，就在大廈裡工作！」婦人高傲地說著，拿出一張證明卡衝老人一晃。

「我能借你的手機用一下嗎？」老人突然問。婦人不情願地遞給老人自己的手機，一邊仍不忘借機教導兒子：「你瞧這些窮人，都這麼大年紀了連支手機也沒有。你今後可要長出息喲！」

老人打完一個電話將手機還給婦人。不一會兒，一個人急匆匆地走過來，拱手站在老人面前。老人對他說：「我現在提議免去這位女士在『巨象集團』的職務！」、「是，我馬上按您吩咐的去辦！」那人連聲應道。

婦人大吃一驚，她認出來的這個人，正是「巨象集團」主管任免各級員工的一個高層人員。憑他的一句話就可以免去她的經理職務。「你怎麼會對這個老園丁那麼畢恭畢敬呢？」她驚詫莫名，拉住他的手問道。

「什麼？老園丁？他是集團總裁詹姆斯先生！」

婦人頹然坐到椅子上。她這樣級別的一個經理在這個集團裡很少有見到總裁的機會。

老人走過來撫了撫那男孩的頭，意味深長地說：「我希望你明白，在這個世界上最重要的是要學會尊重每一個人。」

這是一本活脫脫的生活教材，身為家長，若連尊重他人都不會，那麼非但得不到應有的尊重，甚至可能造成許多不必要的損失。

## 尊重孩子說的話

魯迅先生認為，要教育好孩子，首先要尊重和理解孩子，「如果不先行理解，一味蠻做，會妨礙於孩子的成長。」

有一次，魯迅先生在家中宴請賓客，他的兒子海嬰也跟大人同席。

在吃魚丸時，客人們都說：「這魚丸真是新鮮可口呀！」但是海嬰卻對媽媽說：「媽媽，這魚丸是酸的！」

媽媽以為孩子胡鬧，就責備了他幾句，孩子非常不高興。魯迅先生聽後，便把海嬰咬過的那個魚丸嘗了嘗，發現果然不怎麼新鮮。便頗有感慨地說：「孩子說不新鮮，我們不加以查看，就抹殺是不對的。其實，我們也得尊重孩子說的話啊！」

身為家長，沒有查實是沒有發言權的。只有做到充分地尊重孩子，查證孩子說的話再做出判斷，這樣才能找出問題的關鍵。

## 家長不該做的事

1. 自己心裡有氣，對孩子發洩。
2. 隨意打斷孩子間的交流。
3. 為趕時間中斷孩子正在進行的活動。
4. 經常忘記履行自己的諾言。
5. 喜歡替孩子回答別人提出的種種問題。

6. 老是盯著孩子的缺點，反覆提醒。

7. 不專心傾聽孩子要對自己說的事。

8. 用不耐煩的口吻回答孩子的提問。

9. 雖與孩子一起玩，但不投入，在應付。

10. 嘲笑挖苦孩子，對孩子大聲嚷嚷。

11. 採用威脅或體罰的方式，使孩子陷於一種痛苦的處境。

　　以上行為皆是父母不尊重孩子的表現。殊不知，孩子事實上也有被大人尊重的需求，只有他覺得自己受到尊重了，他才能更有自尊心，表現得更好，也才更懂得尊重別人。那麼你的「尊重他人」的教育才算有效。反之，則是表裡不一，這樣是無法讓孩子信服的。

## 親子加油站

1. **當心你說出的每一句話**：留意你對老師、朋友、祖父母和其他對孩子影響較大的人物的即時評論，要堅決停止說他們的壞話。

2. **不要單方面聽信孩子的話**：當孩子回家抱怨老師的時候，不要隨口附和，甚至跟他一起攻擊「敵人」。你應該客觀地了解具體事情的來龍去脈，然後找到禮貌的解決辦法。這樣，你就教會了孩子一個最重要的道理：如果他尊重別人，他也必然會得到尊重。

# 第三章
# 不要吝於道謝和致歉

　　在與人交流的過程中，「謝謝」、「對不起」這兩句禮貌用語對調和及融洽人際關係有著意想不到的作用。一句簡單的「謝謝」能讓他人感覺到善意、尊重和溫暖：一句看似不起眼的「對不起」能化解人與人之間的矛盾，化干戈為玉帛。

　　一個不會說「謝謝」和「對不起」的孩子，在與人交流的過程中難免會遇到一些外力的阻礙，遭受人際的挫折。讓孩子學會「感謝」和「致歉」能讓他的道路變得更加通暢。

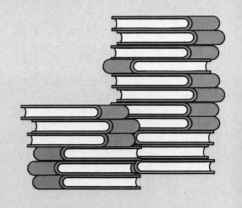

# 「謝謝」、「對不起」的影響很大

在日常生活中，尤其在社交場合中，禮貌用語十分重要。它是尊重他人的具體表現，是友好關係的敲門磚。多用禮貌用語不僅表示尊重別人，還表明自己有修養；多用禮貌用語，不僅有利於雙方氣氛融洽，而且有益於交際。而「謝謝」、「對不起」則是人們在日常生活中最常用的禮貌用語。

身為家長，我們應該從小就教育孩子，無論別人給予自己的幫助是多麼微不足道，都應該誠懇地說聲「謝謝」。被感謝的人不但能夠感受到你的誠意、尊重、禮貌，還能感受到你溫暖的情誼與有教養的心。而這些，都是生活中必備的做人素養，是做好一件事情的基礎！

而在社交場合學會向人道歉，更是緩和雙方可能產生的緊張關係的一帖靈藥。無論何時、何地、何事打擾到別人，都應該說聲「對不起」。如在公共汽車上踩了別人的腳，一聲「對不起」能化解對方的不快，使可能激化的矛盾煙消雲散；在宴會中途時因為有事情要離開，說聲「對不起」能避免給他人造成不必要的尷尬，讓他人免於產生不受尊重的感覺；在公共場合，無意之中打了個飽嗝或者噴嚏，說聲「對不起」展現了你的修養；約會遲到時說聲「對不起」能贏得他人的諒解……

從小培養孩子說「謝謝」、「對不起」，不僅是一種禮儀，更是一種健康的心態，也是一種社會進步、現代文明的展現。

在家庭裡，父母對子女之愛不是單向的，而是雙向互動的。子女不僅應接受來自父母的愛，更應懂得愛的回饋和回報。多說「謝謝」、「對不起」展現了一個人的善意和個人修養，能讓他人更願意接近自己。

---

### 小叮嚀

你的孩子有說「謝謝」、「對不起」的習慣嗎？

1. 在家庭生活中，孩子能否做到有錯知錯，知錯而後改？不偏執，不任性？對於家長給予的幫助是否視為理所當然？如果你的孩子做不到，你需要及時給予教育，讓孩子懂得感恩和理解他人。

2. 從孩子的老師那裡了解，孩子在學校與同學、老師交流的過程中，是否注意到自己的禮節，能否友善地與人相處，對於他人的幫助說「謝謝」，自己犯錯時，能及時說「對不起」？如果孩子暫時還沒有這些行為意識，需要家長和老師一起來監督與教育孩子。

# 從《惹人愛的小花狗》談起

善於說「謝謝」的孩子討人喜歡。如果整天板著一張臉，對於他人的關照毫不在意，一定會讓人反感的。讓孩子從小就明白說「謝謝」的好處，對孩子的生活與為人處世都大有幫助——

一位農夫的家裡養了一條小花狗和一隻小花貓。小花狗在家裡負責看門，有了陌生人，牠就會大聲提醒主人，告訴主人家裡來了客人了；而小花貓呢，牠晚上負責捉老鼠，白天就「呼嚕、呼嚕」地睡大覺。

雖然，小花狗和小花貓各有用處，但主人明顯還是喜歡小花狗多一點。這是為什麼呢？原來呀，主人從田裡一回來，小花狗就會「汪汪」地叫喚著迎了上去，舔舔主人的手，蹭蹭主人的腿，可親熱了！這讓勞累了一天的主人頓時覺得疲憊的感覺消失了不少。而小花貓呢，卻還不知道躲到哪裡睡大覺呢！主人連牠的影子都見不到。

吃飯的時候，主人餵給小花狗一點狗食，小花狗就高興得歡呼雀躍，牠會向主人高興地搖尾巴，以表示牠的感謝之情。主人總欣慰地說：「小花狗真聰明，小花狗真是通人性呀！」而小花貓呢，悄悄地進來吃了東西，然後又悄悄地走了，連聲「喵喵」的招呼都不打。

晚上，小花狗警惕地注意著屋子外的動靜，留心雞窩、鴨窩的情況。一有什麼響動就從地上騰地爬了起來。而小花貓呢，只

在捉到老鼠的時候才得意地「喵喵」叫上幾聲，似乎在告訴主人：「嘿，我很有本事吧？我又捉到老鼠了！」這個時候，主人好不容易睡著了，卻被牠自我炫耀的「喵喵」聲驚醒了！只好無奈地嘟囔：「這貓真是不懂得體諒人！」

孩子，你說如果你是主人，你會喜歡哪隻小動物呢？當然是小花狗更多一點。你看牠不但善解人意，對主人忠心耿耿，體貼入微，更懂得向主人搖尾巴，表達自己的謝意。這是多麼難得的呀！而貓，誰又願意喜歡這不講禮貌的小傢伙呢？

## 備選故事任你挑

生活當中，不愛說「謝謝」和不善說「對不起」的孩子比比皆是，不僅有大孩子，更有小孩子。對於小的孩子來說，也許一個富有童趣和哲理的故事，已經讓孩子明白了道謝的重要性，但對於大的孩子來說，這個故事未必適用。所以，對於不愛說「謝謝」和「對不起」的孩子，家長需要具體對象具體分析。在運用故事教育法的過程中做到對症下藥，這樣才能收到比較好的教育效果。

以下，編者為家長朋友們提供更多的備選故事，方便家長在各種情景下對孩子進行故事教育。

## ▎最有風度的母親

　　生活中，許多孩子不習慣表達自己的謝意。他們默默承受來自於他人的幫助，卻羞於說一句感謝的話。這不但是孩子羞怯所致，更因為孩子不知道一句「謝謝」所蘊含的溫暖情誼。

　　如果你的孩子同樣也是一個不善於表達謝意的孩子，不妨找個機會給孩子講講以下這個故事——

　　　一個小縣城的一所中學開家長會，來了幾十位家長。幾個女同學負責接待。她們把家長們迎進來，讓座、倒茶。空下來的時候，就開始竊竊私語。

　　　這時，交頭接耳的女孩子們把眼光集中在了一個人身上，那是一位剛轉學來的同學的母親。她的容貌並不漂亮，衣著和髮式也並不顯得時髦，可是女孩子們從接待的過程中得出一個一致的結論：她最有風度。

　　　原來，其中的一個女孩子去給那位母親倒水時，那位母親，居然親切而真誠地說：「謝謝。」這讓她們覺得新鮮而且有種受到尊重的感覺。「謝謝」這兩個字是多麼新鮮、溫暖的詞彙啊。

　　　女孩子們開始爭先恐後地去倒水，然後一個個臉紅紅地回來。輪到去倒水的女生甚至會有一點心跳，她們總是害羞地走到那位「最有風度」的母親面前，輕輕地加滿水，紅著臉聽人家說一聲「謝謝」。

　　　那次家長會後，那個新轉學來的同學成為所有同學羨慕的對象。大家都認為，她擁有一個最幸福的家庭。因為她擁有一個非常有教養、有風度、懂得尊重別人的母親。

在人和人之間，最容易建立起親近感覺的方法就是尊重和禮節。一句看似簡單的「謝謝」能讓我們感受到尊重與溫暖，也同樣能得到最大限度的尊重。如果你是一個善於表達「謝意」的孩子，我們也一樣因為你而驕傲！

## 一封感謝信

受人恩惠，要對人表達謝意；受人指點、啟發同樣也要對人表達自己的謝意。這是一種待人的禮節，更是一種謙遜和懂得感恩的表現。你所感謝的人，會因為一句感激的話語，對你有更深的印象。這是家長需要教給孩子的道理——

喬治·羅納曾在維也納當過多年律師，第二次世界大戰爆發後，他逃到瑞典，急切地需要找一份工作。他能說幾國語言，希望能在一些進出口公司找到一份祕書的工作。但是，絕大多數公司都回信告訴他，因為現在正在打仗，他們不需要這類人才。

有一封回信這樣寫道：「我們根本不需要什麼替我們寫信的祕書；即使需要，也不會請你這樣一個連瑞典文也寫不好、信裡全是錯字的人。」

喬治·羅納看到這封信時，氣得發瘋，想寫信罵罵那個不客氣的人，但他很快冷靜下來：是呀！瑞典文畢竟不是自己的母語，如果真像他說的，想要得到一份工作，我還得努力學習才行。

於是，他寫了一封感謝信給那個人：「你能幫我寫信，尤其是在不需要祕書的情況下，還能抽出時間給我回信，我真的感激不盡。我對自己將貴公司的業務弄錯一事表示抱歉。我的信有很

多文法上的錯誤，而自己卻不知道，我深感慚愧。現在，我計劃加倍努力去學瑞典文，改正自己的錯誤，謝謝你幫助我不斷地進步！」

　　不久，喬治‧羅納就收到那個人的回信，同時也得到了那份工作。

受到取笑，換成我們任何一個人，都可能生氣、甚至惱羞成怒。然而，喬治‧羅納並沒有這樣，他能從別人的信中反省自己的不足，從而表達了感激之情。讓受到感謝的人，感覺到他的真誠，從而願意給他一個工作的機會。所以說，懂得感謝的人，才有更多發展的機會。

## 格林斯潘認錯

　　在我們的生活中，說「對不起」跟說「謝謝」一樣重要。我們不僅要教會孩子表達自己的謝意，還應該讓孩子意識到，一句「對不起」也可以成為人際關係的「潤滑劑」──

　　前美聯儲主席葛林斯潘（Alan Greenspan），是著名的經濟學家，即使是美國總統都要經常向他請教經濟難題。美國前總統克林頓曾經說過：「美國沒有我，仍然可以正常運轉，但如果缺少了格林斯潘，經濟就會滑坡。」這句話並不誇張。格林斯潘掌管著美國的經濟大權，可以說他的一舉一動都會對美國經濟產生影響，他的才能深受美國政界的賞識。但是，格林斯潘並不是一開始就受到如此的信任。

　　1993 年，受到日本經濟危機的影響，美國經濟出現了一定的振盪，經濟增長出現明顯的下降。這時，大多數美國人都把經濟上的不景氣歸結於日本經濟的動盪，沒有人認為這是格林斯潘的責任。然而，格林斯潘卻主動出來道歉。他向當時的總統克林頓承認，早在兩年前他就接到過助手的一份研究報告，報告提醒他，日本經濟可能在近期出現動盪，並且可能會影響到美國的經濟。當時的他對這份報告並沒有在意，隨意翻完之後就丟在一邊。如今，報告中預測的事情發生了，格林斯潘認為自己負有一定的責任。

　　格林斯潘在道歉的同時，請求辭職，但他的坦誠打動了總統。總統知道，這位老人是出於極強的責任感才無法原諒自己，實際上他的業務水準仍然是獨一無二的，而且發生的問題也不能夠全都怪罪他一個人。於是，克林頓對他說：「每個人都會犯錯誤，我相信你在將來不會再犯同樣的錯誤，會做得更好。」

　　就這樣，格林斯潘贏得了總統的充分信任，在此後他任美聯儲主席期間，美國經濟再沒有出現大的麻煩。他也被認為是美國歷史上最成功的經濟學家之一。

　知錯就改，勇於道歉，才會贏得別人的尊重。所以，當孩子做錯了事情的時候，一定要讓孩子學會道歉。道歉不僅僅是承認錯誤、改正錯誤的開端。它還會使你的孩子因為自己的誠實而得到更多的尊重和信任，為他們將來在社會上的發展鋪平道路。

## 認錯

當無緣無故遭到他人的誤解時，你是教孩子一味辯解還是讓孩子明白，如果只是一些非原則性的小事情，就承受一點小委屈，承擔一點責任呢？以下的故事，對一些喜歡事事較真的孩子有一定的幫助 ——

一天，一個孩子和他的父親在朋友家做客。主人等客人就座後為他們沏好茶，順手把暖水瓶放在桌上。後來他好像又想起了什麼，就離開客廳到裡屋去了。當父子二人正欣賞著窗外美麗的景色時，突然聽到一生炸響，兩人回頭一看，原來是暖水瓶倒在地上摔碎了。

主人聞聲從裡屋急忙出來，說：「不要緊，不要緊！」父親稍微頓了一下，就承認是他不小心把暖水瓶碰倒了，並請主人原諒。

後來，父子倆告別了主人回家去了。在回去的路上，做兒子的問父親：「爸爸，熱水瓶不是你碰的，你為什麼要認錯呢？」

父親笑著說：「生活中，有時候需要勇氣承擔責任，而不是為自己辯解。人們更願意寬容一個認錯的人，據理力爭有時候會讓雙方都很尷尬！」

有些時候，不為小事情斤斤計較，才能讓孩子保持更好的心情。等到真相大白的時候，別人更會因為你的勇於承擔責任而更加敬佩你，信任你！

## 一位父親的歉意

「人非聖賢，孰能無過」，身為家長，我們有必要讓孩子明白，錯了就應該認錯，不要因為面子而不敢認錯。不管是誰，只要勇於認錯，都能得到別人的諒解。認錯，並不等於沒面子。

如果你家裡也有這麼一個愛面子的孩子，不妨給他講講《一個父親的歉意》的故事──

有一次，一位父親發現自己放在桌屜裡的 50 元錢不見了，他聯想到兒子這段時間愛打遊戲的毛病，覺得這錢多半是被兒子拿走了，就去詢問他兒子。可是，他的兒子卻死活都不承認。一氣之下，他狠狠地揍了兒子一頓。

事後，他繼續「審問」兒子，可兒子還是一個勁地說自己沒偷。

後來，他突然想起這 50 塊錢好像是被出差的妻子拿走了。於是，他打電話問在外地的妻子，果然是這樣。他知道自己錯怪了兒子。但一想到要給孩子道歉，覺得挺沒面子的。於是，他便轉移視線，岔開話題，再也沒和孩子談過這事。

但是，發生這件事後，孩子對他冷淡多了，有什麼事情都只是敷衍他，再也不對他說真心話了。這件事讓這位父親很尷尬。

後來，他鼓足勇氣，把孩子叫到自己的身邊，鄭重其事地向孩子道了歉，還反省自己沒有問清情況就不信任兒子的作法是不對的，並告訴兒子，以後有什麼事情都要及時溝通，這樣才能避免更多的誤會。

## 第三章　不要吝於道謝和致歉

　　面對著肯於「道歉」的爸爸，兒子終於開心地點了點頭。從此以後，他更加聽爸爸的話了！連愛打遊戲的毛病也戒掉了！孩子，每個人都會犯錯，爸爸媽媽也不例外，也會有做錯事情的時候。所以，當我們做了錯事或者誤會了別人以後，重要的不是面子，而是如何承認錯誤，如何向他人道歉。一個勇於承認錯誤，勇於道歉的人是談不上可恥的！道歉只會讓你更受尊重！

### ▌歉意

　　有一些孩子明明犯了錯誤，可就是不肯道歉。而生活中，卻有這麼一個人，自己明明沒有錯卻再三道歉，這到底是怎麼回事呢？請看下面的故事 ──

　　　　有一次，祝先生和朋友去郵局辦事。

　　　　出門時，他只顧埋頭走路，卻沒有看清楚大門口橫著兩道厚厚的推拉玻璃門，冷不丁一頭撞在門上，碰得他額頭上火辣辣一陣劇痛。出於本能，祝先生「哎喲」一聲叫了起來！

　　　　這時，一位 20 來歲的年輕人，從旁邊的另一道玻璃門同時推門而入，見到這副情形，這位年輕人以為自己推門時撞到人了，忙不迭低頭連聲道歉：「對不起！對不起！先生，撞得嚴重嗎？要不要去醫院？」

　　　　這突如其來的戲劇性「道歉」，反使疼痛中的祝先生既不好意思又頗感滑稽好笑，年輕人完全不必道歉。即便如此，祝先生還是覺得心裡暖洋洋的，疼痛頓時減輕了許多。

他苦笑著連忙聲明：「與你無關，與你無關！」

在祝先生的再三聲明之下，那位年輕人才心懷歉意地離去了。

「道歉」，這種文明社會中隨處可見的言語和舉動，其間折射出風格之高、低，道德之榮、恥。不要覺得自己沒有錯就完全可以置身事外，漠不關心。有些時候，一句「對不起」同樣能夠溫暖人心，讓他人看到你的善意。

## ▎負荊請罪

戰國時候，有七個大國，它們是齊、楚、燕、韓、趙、魏、秦，歷史上稱為「戰國七雄」。這七國當中，又數秦國最強大。秦國常常欺侮趙國。有一次，趙王派藺相如到秦國去交涉。藺相如見了秦王，憑著機智和勇敢，給趙國爭得了不少面子。秦王見趙國有這樣的人才，就不敢再小看趙國了。趙王看藺相如這麼能幹，就封他為「上卿」。

趙王這麼看重藺相如，可氣壞了趙國的大將軍廉頗。他想：我為趙國拚命打仗，功勞難道不如藺相如嗎？藺相如光憑一張嘴，有什麼了不起的本領，地位倒比我還高！他越想越不服氣，怒氣衝衝地說：「我要是碰著藺相如，要當面給他一點難堪，看他能把我怎麼樣！」

廉頗的這些話傳到了藺相如耳朵裡。藺相如立刻吩咐他手下的人，叫他們以後碰著廉頗手下的人，千萬要讓著一點，不

要和他們爭吵。他自己坐車出門，只要聽說廉頗打前面來了，就叫馬車夫把車子趕到小巷子裡，等廉頗過去了再走。

廉頗手下的人，看見上卿這麼讓著自己的主人，更加得意忘形了，見了藺相如手下的人，就嘲笑他們。藺相如手下的人受不了這個氣，就跟藺相如說：「您的地位比廉將軍高，他罵您，您反而躲著他，讓著他，他越發不把您放在眼裡啦！這樣下去，我們可受不了。」

藺相如心平氣和地問他們：「廉將軍跟秦王相比，哪一個厲害呢？」眾人說：「那當然是秦王厲害。」藺相如說：「對呀！我見了秦王都不怕，難道還怕廉將軍嗎？要知道，秦國現在不敢來打趙國，就是因為國內文官武將一條心。我們兩人好比是兩隻老虎，兩隻老虎要是打起架來，不免有一隻要受傷，甚至死掉，這就給秦國造成了進攻趙國的好機會。你們想想，國家的事要緊，還是私人的面子要緊？」

藺相如手下的人聽了這一番話，非常感動，以後看見廉頗手下的人，都小心謹慎，總是讓著他們。

藺相如的這番話，後來傳到了廉頗的耳朵裡。廉頗慚愧極了。他脫掉一隻袖子，露著肩膀，背了一根荊條，直奔藺相如家。藺相如連忙出來迎接廉頗。廉頗對著藺相如跪了下來，雙手捧著荊條，請藺相如鞭打自己。藺相如把荊條扔在地上，急忙用雙手扶起廉頗，給他穿好衣服，拉著他的手請他坐下。

藺相如和廉頗從此成了很要好的朋友。這兩個人一文一武，同心協力為國家辦事，泰國因此更不敢欺侮趙國了。

孩子，知錯能改善莫大焉。一個真正有風度的人是不怕犯錯的，更不會吝於認錯。所以，當你犯了錯誤以後，不要試圖去掩蓋自己的錯誤，而應該主動承認錯誤。這樣的人才能受到他人的尊重。

## 給家長的悄悄話

在公車上，我們經常看到這樣的情景：年齡較小的孩子上車以後，坐著的成年人總主動給這些孩子讓座。一些嘴巴甜的孩子總能甜甜地道聲「謝謝」，而另一些孩子則理所當然地坐上去，完全沒有表示感謝的意思。或者是在家長再三督促他們「快說謝謝」的情況下，才不得不說聲「謝謝」的。對於前者，讓座的大人自然是欣慰的；而對於後兩種情況，讓座的人就頗不是滋味了。總覺得這樣的孩子沒有禮貌，缺乏教養。再看看生活中這樣的一些現象：一些孩子不小心碰到了別人，這本是小事，但因為碰到他人的那個孩子沒有道歉的意思，所以雙方難免引發不必要的爭吵乃至惡戰。很多家長為此困惑不已，生活中，自己沒少教孩子要多說禮貌用語，可為什麼孩子就是沒有做到呢？

## 第三章　不要吝於道謝和致歉

心理學家認為，導致這些人不愛說「謝謝」、「對不起」的原因與其個人修養與接受的教育有很大關係。造成孩子不喜歡說「謝謝」、「對不起」的原因歸納起來有以下幾個方面：

1. 家長自己沒有以身作則。在家中，許多家長自己沒有注意禮貌用語。如吃飯時非但沒有感謝妻子或者老人為自己做飯，還總對做飯的人挑三揀四。遇到事情一不合自己的意就出口傷人，孩子耳濡目染，難免就養成了這種「驕橫跋扈」的習慣，認為他人為自己所做的都是理所當然的。

2. 害羞。許多孩子膽子怕事，在公共場合不敢主動說話。這也是孩子不敢當眾人面說「謝謝」或者「對不起」的原因。

3. 沒有養成說「謝謝」、「對不起」的習慣。在家庭生活中，孩子通常比較隨意、隨性，家長為孩子做任何事情都心甘情願，不需要孩子說「謝謝」。不管孩子做了什麼錯事，家長都能包容、諒解。過度的溺愛造成了孩子對「謝謝」、「對不起」的陌生。

4. 忽視了「謝謝」、「對不起」的作用。在日常生活中，家長沒有對孩子強調「謝謝」、「對不起」的重要性，以至於孩子覺得說「謝謝」、「對不起」很彆扭。

所以，要想孩子養成說「謝謝」、「對不起」的習慣，家長需要從小培養。

## 家長應該從小培養孩子說「謝謝」、「對不起」的習慣

### 家長應該以身作則

用自己的行為去感化孩子。許多家長認為自己是成年人，思想成熟、閱歷豐富，在小孩子的面前不會犯錯，再加上認為在家人面前更不必客套，所以對孩子說「謝謝」、「對不起」的機率微乎其微。

其實，在教育孩子的過程中，每個家長都會犯些或大或小的錯誤。犯錯是難免的，作為家長，當自己犯錯的時候，一定要知錯就改，主動向孩子道歉。當孩子幫助自己做了一件小事的時候，主動對他說「謝謝」。在孩子的成長過程中，家長的言傳身教很重要，父母的一舉一動，最容易為孩子所模仿。只要你能做到「謝謝」、「對不起」不離口，你的孩子一定能夠養成良好的禮貌用語的習慣。

### 培養孩子說「謝謝」、「對不起」的意識，讓孩子了解到「謝謝」、「對不起」的作用

讓孩子明白與人往來不忘感恩。不管是家人團聚、朋友交流，不稱王稱霸，不以「我」為中心。說出自己最感謝的人或事，學會微笑與致謝，能縮短人與人之間的距離。孩子從實踐中體會到禮貌行為的好處，自然而然就能貫穿於自己的所有生活細節。

## 加強感恩教育，讓孩子由衷地說「謝謝」

　　會說「謝謝」說明孩子有一顆感恩的心，理解他人，知道對給予他幫助的人心存感激。這需要創設情境，尤其在家裡，不要對孩子的所有要求都百依百順，什麼也不讓孩子去做，從而讓孩子缺乏體驗。正確的做法是讓孩子做家務，全家人一起共事，這樣，孩子能從內心中體諒到家長的辛苦，從而發自內心地說「謝謝」。

　　告訴孩子，感恩是必須的，當父母為自己端上可口的飯菜時，說聲「謝謝」；當老師為自己講解題目而延遲了下班時間時，說聲「謝謝」；當同學向自己伸出援助之手時，說聲「謝謝」；當計程車司機將你送到家門口時，說聲「謝謝」……當孩子學會了發自內心地對身邊所有人表示感謝時，感恩的心態已經滲入了他的每一個細胞……

## 讓孩子勇於說「對不起」

　　會說「對不起」，勇於說「對不起」，說明孩子已經知道尊重別人。這是與人平等溝通的開始，同時也將贏得別人的尊重。還可以教會孩子勇於承擔責任。

## 親子加油站

教會孩子禮貌用語，不僅僅要透過故事、道理告訴孩子禮貌用語給自己帶來的好處，還應該讓孩子知道，什麼時候、什麼場合需要用這樣的話。

此外，家長還應該讓孩子做到天天堅持，不要以為一些場合，一些人對自己來說並不重要，就忽略了說「謝謝」和「對不起」。

讓孩子在實踐中多體驗當自己為別人做了一件事情，得到「謝謝」時的感受與別人犯錯對自己說「對不起」時的誠意，這樣他們才能慢慢學會尊重他人，成為一個有教養的孩子。

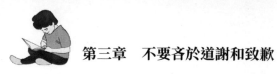 第三章　不要吝於道謝和致歉

# 第四章
# 讓害羞的孩子變得大方

一些孩子平時在家裡活潑、調皮而又搗蛋，可是一見到陌生人，就變得扭扭捏捏、不大方，甚至害羞地躲到大人身後，完全變了一個樣。在這個越來越開放、越來越需要交流和表達的世界裡，這樣的孩子很容易被忽視和被邊緣化。他們在生人面前局促不安、不敢說話，在帶有競爭性的活動中，他們總是畏縮不前，膽怯害羞。

如果你想幫助一個羞怯的孩子，讓他變得自信大方起來，越早越好，因為害羞的殼關閉得越久，就越不容易將它打開。

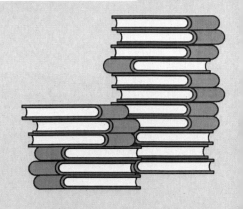

# 落落大方的孩子最可愛

當今社會，孩子賴以成長的社會環境在不斷地發展和變化。生活在這一環境中的孩子，不但應該擁有現代化知識，還必須具有處理人際關係、適應社會的能力。因而從小培養孩子大方、得體的待人處世能力是家長的主要任務之一。

舉止落落大方的孩子在言談舉止中表現得自然、大方、坦率，他們遇到陌生人或者遇到重大事情不會畏首畏尾、局促不安，做扭扭捏捏狀，這樣的孩子往往討人喜歡，給人留下良好的第一印象。而一個害羞的孩子，無法很好地待人接物，無法用最佳的方式處理人際關係和生活中的問題，這樣的孩子，在人際交流的過程中難免要多走一些彎路。

害羞的孩子不容易打開自己的心扉，他們總想在自己熟悉的環境中尋求充分的安全感。如果換了一個環境或者接觸到一個新的群體，就會變得鬱鬱寡歡。相反地，一個大方的孩子就沒有這方面的問題。他們比較能適應新的環境，能夠很快地融入一個新的群體，在新的群體中擁有自己的一片天空。這樣的孩子發展的前景無疑更好。

害羞的孩子常常給人一種呆板、乏味的感覺，大家覺得跟他們在一起沒有多大意思，因此都不太願意與其相處。同時，大家的這些做法可能會給害羞的孩子極大的挫折感，使他們的社交更加困難。

　　落落大方的孩子一般都比較幽默、善解人意。他們能嘗試接受新的事物，對小事情不過分在意，對大事情不膽怯。而害羞的孩子會給人一種呆板、不懂得人情世故的感覺，他們做事情難免小心翼翼、扭扭捏捏，遇到大的事情，往往止步不前，猶豫不決。

　　大方的孩子更容易結交到新的朋友，所以性格開朗、活躍，有感召力，這樣的孩子在團體當中能擔當起頂梁柱的重任。而一個害羞的孩子可能也有自己的朋友，但只限於小的團體。他們不敢發表自己的意見，無法真正表達自己的觀點。所以，難免被人群忽視。

　　大方的孩子今後更容易受到賞識與重用。因為他們勇於表現，勇於突破障礙，更容易獲得成功。害羞的孩子，因為害羞導致膽小，所以總等著他人編派任務給自己，絲毫沒有做事情的主動權，自然可能失去成功的機會！

　　孩子過分害羞不但妨礙孩子正常的社交，還會產生不良的後果。時間長了，害羞的孩子往往會形成內向、膽小、沉默、沒有主見等性格特點，並在今後的學業、工作、生活中出現缺乏自信的表現。所以，培養孩子落落大方的舉止非常重要。家長只要從小有意識地讓孩子多與外界交流、接觸，假以時日，孩子一定能夠變得大方、得體、富有魅力！

## 小叮嚀

如果你的孩子害羞，你不妨先問問自己以下這些問題：

1. 我是否常叫孩子多做事少說話？
2. 我花時間聽過孩子的心事嗎？
3. 我是不是在他不說話、不吵鬧時，說他是個乖孩子？
4. 當我無法回答孩子的問題時，是否常常缺乏耐心？
5. 我喜歡孩子的朋友嗎？
6. 我是否太過關注孩子的害羞行為，以至於助長他的害羞？
7. 我是不是操之過急，因而阻礙了他的社交機會？

當你仔細思考過以上問題後，你必然不難知道孩子因為什麼而害羞了！所以，要想孩子不害羞，必須從家長自身做起！

# 講個《怕羞的山雀》的故事

一些孩子在家裡和熟悉的人在一起的時候還算活躍，一遇到有陌生人來訪或者在外面碰到親戚朋友的時候，就會表現出害羞膽怯的樣子，躲躲閃閃，不愛和人打招呼。在學校中，因為過於害羞，孩子顯得與其他的同學格格不入。讓孩子一起感受怕羞山雀的改變過程，能讓孩子變得落落大方 ──

在一個大森林裡，住著一隻可愛的小山雀。因為她太害羞了，大家都叫她「含羞草」。

一天中午，喜鵲到山雀家做客，喜鵲還帶來了四個孩子。山雀媽媽把小山雀叫出來，說：「快叫喜鵲阿姨。」小山雀臉紅紅的，扭扭捏捏地不好意思叫。喜鵲阿姨撫摸著小山雀的頭，說：「多可愛的孩子啊！孩子們，快叫姐姐。」四隻小喜鵲都飛跑過來，「姐姐好，姐姐好。」可是，小山雀還是一句話也不說。

喜鵲阿姨是老師，她在黑板上寫了一道題：$2 + 3 = ?$

小山雀知道等於 5，可她太害羞了，心裡說：「$2 + 3 = 5$」。可是，沒有勇氣說出來。四個小喜鵲都不會解答。「看來你們都不會。」喜鵲阿姨有點遺憾。「我會，我會。」小山雀心裡著急地說，可她的想法喜鵲阿姨並不知道，直到喜鵲阿姨走了，小山雀才後悔了。

有一次，小山雀出去採花，走著走著就找不到回家的路了。她走啊走，見到許多的動物，可她不敢上去問路，她太害

羞了。眼看天快黑了，小山雀哭了。這時，遠處傳來了腳步聲，小山雀對自己說：「這回一定要問路了。」走來的是象伯伯，可是小山雀又不敢說話了。象伯伯不知道小山雀迷了路，笑笑就走了。小山雀後悔極了。

　　天漸漸黑了。一隻白鶴走過來。小山雀終於鼓足勇氣說：「白鶴阿姨，我迷路了。」說完，就哭起來。白鶴撫著她的頭，說：「別哭，孩子，我帶妳回家。」一會兒，白鶴就把她領回家了。到家後，小山雀看到大象伯伯正在自己家裡做客。如果早說一句話，她早跟大象伯伯一塊回家了。小山雀看看媽媽，放聲大哭起來。對媽媽說：「媽媽，今後我再也不做害羞的孩子了。」

　　害羞的孩子並不鮮見。害羞或者內向，本來是兒童一種正常的心理現象。但孩子過分害羞，會引起一連串的問題，妨礙孩子正常社交能力的發展。如果你的孩子過於害羞，不妨透過以上小故事，從害羞的小山雀在生活中遇到了種種的困境，延伸到生活中害羞的人會遇到很多困難，來引導孩子大方一點。記住：幫助一個孩子走出羞怯內向，越早越好。因為，害羞的殼關閉越久，打開的難度就越高。

# 備選故事任你挑

孩子害羞的原因各有不同。如有的孩子因為膽怯而害羞；有的孩子因為缺乏自信而害羞；有的孩子是因為很少與外界接觸而害羞，還有一種情況是因為家長在外人面前過於喜歡讓孩子表現，導致孩子害羞。不管你的孩子是因何種情況害羞，編者都無一例外地為他們準備了應對「害羞」心理的故事。也許，聽著聽著，你的孩子就變得不再那麼害羞了。

## 害羞的「百靈鳥」

過於害羞的孩子可能會錯失很多可以展示自己能力與才華的機會，如果你的孩子過於害羞，不如講個《害羞的「百靈鳥」》給他聽 ——

美國的鄉村裡有一個小女孩，她有一副百靈鳥般動聽的歌喉，非常想成為一個歌唱家，可惜的是，她的性格太過羞怯。每當一個人唱歌的時候，她能夠唱出自己最高的水準，但每當在別人面前表演的時候，她就會緊張得不得了，不是走調，就是忘詞。這讓她感到非常苦惱，打算放棄當歌唱家的夢想。

父親知道以後，鼓勵她：「只要你用心唱出自己的歌聲，人們會被你的歌聲打動的。你應該克服自己的羞怯，把自己最高的水準向別人展示出來。」

聽了父親的勸告，她堅守住這份夢想。從此她有意識地去改變自己的性格。她開始主動與別人交流，在人多的場合，她不再

像以前一樣躲在角落裡，生怕別人看到，而是站到人群之中，與大家一起說笑。大家都很驚訝這個小女孩的轉變，他們都給她足夠的讚揚，因為他們都知道她有一副好嗓子，都希望她能夠成功。

就這樣，在大家的鼓勵和幫助下，小女孩的膽子漸漸大了起來，在大家面前表演的時候，她的腦子裡想的不再是：「唱走調了怎麼辦？忘了歌詞怎麼辦？」而是把全部的精力都投入到為她的觀眾歌唱中去。漸漸地，人們被她的歌聲所感動，開始喜歡她、熱愛她，她就是凱絲‧達莉。長大以後，她成為美國歷史上最著名的歌唱家之一。

如果你的膽子一樣很小，總是害羞，總是一個人躲在角落裡不敢表現，不敢與人交流，那就應該多向這個小女孩學習。因為，她用自己的行動告訴我們，擔心和害怕是沒有用的，要想克服這些缺點，就應該大膽地站到人群中去，讓別人發現自己！這才是最有說服力的！爸爸媽媽也會因為你的不再害羞而驕傲！

## ▍害羞的鴨子

鴨媽媽孵出了一群可愛的小鴨子。這些鴨子寶寶可貪玩了，總是嬉鬧個不停。鴨子媽媽每天都在喊：「哦，寶貝們，你們能不能靜一靜呢？」可牠們還是靜不下來。

但隨後鴨媽媽就發現了一個問題。牠們家個頭最小的小綠並不像其他鴨子一樣愛玩、愛鬧。牠顯得很害羞，總是低著頭

默默地待在角落裡。只要一有什麼動靜，牠就慌裡慌張地東張西望。這樣的性格可不好，鴨媽媽想：「我總不能一輩子都保護著牠吧？牠得變得大膽一點呀！」

一天，鴨媽媽宣布：「寶貝們，今天我們要進行一場游泳比賽，獲得冠軍的鴨寶寶將得到一條美味的魚吃！」鴨寶寶們聽了都躍躍欲試。這時候，本來就比較喜歡玩水的小綠也有些高興了。

鴨媽媽一聲令下，鴨寶寶們便呼啦一下游了出去，小綠因為個頭最小，身手最敏捷，加上平常經常玩水，練習游泳，所以它很快就游到了對岸，接著又往回游了。不用說，小綠肯定是得了第一名。

鴨媽媽高興地宣布：「今天，我們的游泳健將小綠得了冠軍，你們要向牠學習哦！」小鴨子們簇擁過來，把小綠抬得高高地說：「哇，小綠太棒了！」小綠聽了，臉又漲得通紅。

這時候，鴨媽媽輕輕地撫摸著小綠說：「孩子，你不必害羞，因為你從來都不比別人差！」小綠聽了心裡很高興。

慢慢地，小綠變得不害羞了。鄰居家的鴨伯伯還表揚小綠是個落落大方的孩子，今後肯定有出息。媽媽聽了，高興地合不攏嘴呢！

鴨子小綠之所以害羞，是因為覺得自卑，覺得自己不如鴨哥哥、鴨姐姐們強壯。直到游泳比賽以後，鴨子小綠才發現自

己的優點，所以變得不再害羞了！孩子，每個人都有缺點的，我們不能只看到自己的缺點，看不到自己的優點；更不能只看到自己的優點，看不到自己的缺點。只要正視自己，才能變得更加地大方、自信！

## ▋ 害羞的貝貝

　　貝貝是個很可愛的小女孩，她的臉蛋圓圓的，笑起來眼睛彎彎的，可是貝貝就是害羞。她總是低著頭，小聲地說話。

　　貝貝上中班了，有時候老師讓大家輪流表演，有人說笑話，有人講故事，還有人唱歌和跳舞。可是，每次輪到貝貝的時候，她的頭垂得低低的，別人只能看到她頭髮上的花蝴蝶。

　　下課的時候，小朋友都到院子裡玩。有人盪秋千，也有人捉迷藏，貝貝卻低著頭，像一朵孤獨的雲。

　　有一天上課的時候，貝貝突然想上洗手間。在上洗手間的路上，她發現廚房裡冒出濃濃的煙。貝貝拚命跑回教室，忘了害怕，也忘了害羞，她仰起頭來，用最大的聲音喊：「廚房失火了！廚房失火了！」

　　老師看見了，立刻打電話給消防隊。火很快被撲滅了，所有的人都鬆了一口氣。

　　老師摸摸貝貝的頭，請她把整件事說給大家聽。貝貝用最大的聲音把剛剛發生的事說給大家聽。大家都表揚貝貝是個勇

敢的好孩子！老師親親貝貝的小臉蛋，說：「不害羞的貝貝最可愛了！」你瞧，貝貝的臉又紅了。可是，她從此以後再也不害羞了！她敢在很多人面前大聲說話了！

害羞會妨礙到跟他人的正常交流。害羞的孩子因為不敢跟別人接觸，導致沒有朋友，這樣的人是非常孤獨的。所以，我們一定要糾正愛害羞的缺點，變得大大方方起來。大方的孩子是惹人誇的！

## 害羞的小鼓

有一位阿姨做了一個小鼓，這個小鼓很可愛，看起來就像一頭小豬，所以它被稱為「小豬鼓」，小朋友們都喜歡敲打它。但是小豬鼓可不樂意了，它覺得很難為情，羞得臉都紅了。為了不讓小朋友們敲自己，小豬鼓逃跑了。它想跑到一個人沒有人的地方去。

就這樣，小豬鼓一路滾跑，居然掉進了一條小河裡，在水裡它跟著小尾巴魚和小蝌蚪一起往前漂。小豬鼓在岸邊看見兩隻老鼠要吃一隻從樹上掉下來的小鳥，於是大聲呼喊起來「快跑呀，小鳥！」

可是，小鳥受傷了，跑不動。小豬鼓就撅起屁股讓小鳥啄。咚咚咚，鼓聲嚇跑了老鼠。小鳥高興地說：「謝謝小豬鼓。」小豬鼓搖搖頭說：「沒有關係，沒有關係，那是應該的！」

小豬鼓又繼續往前漂，它看見河邊的草地上有一隻小熊在哭，就漂過去問小熊：「小熊兄弟，你為什麼哭呀？」

小熊說：「我沒有朋友，誰都不理睬我。」

小豬鼓說：「別哭別哭，我來為你唱歌跳舞好嗎？」但是，小熊哭得更加厲害了！

沒有辦法，小豬鼓只好撅起屁股讓小熊咚咚咚地敲，小熊開心地笑了。

而小豬鼓再也不害羞了，它要給別人帶去更多的歡樂！

能讓他人開心是一件幸福的事情！小豬鼓原來是自私的，它討厭別人拍打自己，覺得那樣會讓自己很難堪，可是當他發現自己能夠幫助到他人，讓他人變得高興的時候，就變得不自私了，它願意用自己的鼓聲給他人帶來歡樂！孩子，如果你大方一點，同樣能夠給別人帶去歡樂。這樣的人，最幸福！

## ▌小彤變了

小彤是個害羞的小女生，一在陌生人面前說話就臉紅。家裡來了客人，媽媽招呼小彤叫叔叔。可是，小彤的臉憋得通紅，老半天就是沒有說出一句話來。為此媽媽沒少批評小彤沒有禮貌。小彤覺得委屈極了。其實，她並不是這樣的呀，可就是膽小、怕生，一見到陌生人說話就結結巴巴的。

有一天班上開展「敲鼓傳花」的遊戲，也不知道是不是敲鼓的人故意的，明明知道小彤害羞，等到「花」傳到小彤手裡

的時候，鼓聲「嘎」地停了，小彤拿著拿朵「花」，眼淚都快掉出來了，她恨死了那個敲鼓的同學了。可是，同學們都在起哄：「小彤，快起來表演！小彤，別耽誤我們的時間了！」老師也用充滿鼓勵的目光看著她。

小彤站在教室中央，還沒有表演就抽抽搭搭地哭了起來。她一邊哭一邊唱「天上的星星不說話，地上的娃娃想媽媽……」班上的同學都刷刷地鼓起掌來，一般鼓掌一邊和著小彤一起唱。小彤唱著唱著，就笑了起來。眼淚也止住了，她現在才發現，自己原來也有不害羞的時候。

從此，小彤變得大方起來，再不會向以前那樣扭扭捏捏了。元旦校園晚會上，小彤還代表班級在全校同學面前唱起了〈魯冰花〉。

那一天，媽媽也來了，看著舞臺上的小彤，媽媽高興得眼淚都流了出來。原來，她家的小彤歌聲是這麼動聽的呀！

大大方方的孩子給自己帶來的是機會，給別人帶去的是希望與安慰。做個大方得體的孩子，能讓自己變得魅力無窮！

## 喜歡自己，相信自己

豆豆長著兩個小虎牙，一笑小虎牙就調皮地跑出來與人逗樂。於是，鄰居家的叔叔、阿姨老拿豆豆打趣，幼稚園裡的小朋友也愛捉弄小豆豆。為此，豆豆自卑極了，一天到晚緊緊抿著嘴巴，連話都不敢說了。

## 第四章 讓害羞的孩子變得大方

如果你家也有這麼一個敏感而又自卑的小傢伙，你不妨讓他（她）聽聽這個故事——

「你為什麼整天都趴在窩裡不出來呢？」快樂的小松鼠站在刺蝟的洞口呼喚著牠害羞的鄰居。

「因為我害怕看到別人！」裡面傳來小刺蝟細微的聲音。

「那有什麼好怕的，牠們都很友好，而且都希望和你成為朋友。」松鼠勸慰說。

「我知道，但是我長得很難看……而且長滿了刺……你們會不喜歡我的。」刺蝟不好意思地猶豫著說。

「那不正好嗎？你的刺可以保護我們，再說朋友之間還是需要有點距離的，這是你的優點啊！」小松鼠興奮地叫道。

「可我沒有你那麼能說會道，我能和別人聊點什麼呢？」刺蝟探出頭，羞得滿面通紅。

「你的口才也很好啊，看你為自己找起藉口來多能說。」松鼠開玩笑地說。

「隨便說什麼都行，我們俱樂部的朋友都是隨便聊的，在那裡你還可以享受蜂蜜，說不定大家還會推選你去保衛部任職呢！」

小刺蝟終於走出了那一步。

孩子，任何一個人都應該學會喜歡自己，熱愛自己，相信自己。因為，每一個人生來都是一個奇跡，要想讓這個奇跡得到別人的認可，就要勇於嘗試，勇於挑戰自己，超越自己。

所以，永遠不要害怕缺點，更不要極力掩飾缺點。只有這樣，才能成為自信、大方、惹人喜愛的孩子。

## ▎相信自己「討人喜歡」

　　心理學家在一個班的學生中挑出一個最愚笨、最不受人喜愛的女孩，並要求她的同學們改變已往對她的看法。

　　在一個風和日麗的日子裡，大家都爭先恐後地照顧這位女孩，向她獻殷勤，陪送她回家。大家有意識地從心裡認定她是一位漂亮、聰慧的女孩。

　　結果怎樣呢？不到一年，這位女孩出落得很好，連她的舉止也同以前判若兩人。她愉快地對人們說：「她獲得了新生。」

　　其實，她並沒有變成另一個人 —— 然而在她的身上卻展現出每一個人都蘊藏的美，這種美只有在我們相信自己，周圍的所有人也都相信、愛護我們的時候才會展現出來。

　　生活旅途對任何一個人都並非一路鮮花掌聲，最要緊的，是我們自己要對自己有信心。我們必須相信，我們對一件事情具有天賦的才能，並且，無論付出多少汗水，都要把這件事情完成。

## 給家長的悄悄話

　　有很多家長發現，自己的孩子在家裡很是能說會講，但是在外出場合或陌生的環境往往是要麼面紅耳赤，原來會說的也說不清楚，要麼乾脆閉口不言。究其原因，主要是孩子們有膽小羞怯的心理。

# 第四章　讓害羞的孩子變得大方

其實，孩子害羞是很正常的，兒時有些害羞的孩子，長大以後並不一定不能成功。但過於害羞對孩子今後的人際交流與發展不利。對於過於害羞的孩子，家長要及時引導、教育，讓孩子變得大方、得體起來！

對於孩子害羞、怕生的行為表現，父母應先了解其原因。造成孩子害羞、怕生的背後原因不外乎下列幾種情形：

1. 個性差異：每個孩子的個性氣質都不相同，有的內向、害羞、退縮，有的則是活潑、大方。如果孩子生性內向、害羞或膽小，必然比較容易怕生。

2. 互動機會少：現代家庭子女少，無形之中也減少了孩子與同伴互動的機會。再加上有許多父母在孩子小時，樣樣事情都幫孩子安排好，事事為他代勞，總以為在如此環境下成長的孩子是最幸福的，但卻不知孩子在成長過程中，很難有和大家接觸的機會，從而有嚴重害羞、怕生的傾向。

3. 不安全感作祟：孩子長期只跟家人接觸，會對主要照顧者產生強烈的依賴感。如果家長不注意影響他，讓他與外界多接觸，容易造成孩子對他人產生畏縮、不信任感，影響孩子日後與人相處。

4. 父母教養態度：父母忙於工作沒時間陪伴孩子，和孩子缺少聯繫；或討厭孩子吵鬧、怕孩子總是跑來問問題，而讓孩子以看電視、聽錄音帶等打發時間。當孩子有吵鬧行為

時，就怒罵他：「不安靜就要挨打」。孩子有問題來問父母時，不是被奚落一頓，就是要他離開，不要吵大人做事。孩子一再被拒絕，造成日後遇事害羞、怕生的情結，是父母絕對沒有想到的。

5. 缺乏自信心：因為孩子本身溝通或接觸社會的技巧不佳，導致孩子缺乏表現自我的信心，而選擇以退縮及逃避的行為來掩飾自己的缺點。

6. 遺傳因素：父母本身天生個性屬於內向、害羞，又缺少與其他鄰居、朋友聯繫的機會，相對地，也會造成孩子害羞、怕生的個性。

沒有人天生就是害羞的，孩子之所以害羞，跟後天的教育與環境有很大的關係。找到使孩子變得害羞的原因，才能更好地對症下藥。

## 讓孩子不再害羞，變得大方

1 · 當發現孩子有害羞情結時，父母應及時給予引導，切不可勉強孩子

如果家長未能及時給予引導，孩子可能會因為這次經驗，誤以為逃避便能解決問題而越陷越深。父母要耍點小「花招」讓孩子開口說話。例如，陪孩子去商場買玩具時，讓他自己對店員說：「我想買這個玩具，請問多少錢？」如果孩子不願開

口，就不買玩具。

　　一開始，他不好意思說的話，你就先說一遍，讓孩子學著再說一遍，不管孩子說得好不好，聲音夠不夠大，你都應該鼓勵他，說得多了，孩子就習慣了。在鼓勵孩子開口說話的同時，你也可以教他正確使用禮貌用語，這樣，人們會更喜歡你的孩子。對孩子來說，也增加了開口說話的自信心。

　　2．讓孩子先試著接觸一些性格溫順的孩子

　　膽小、害羞的孩子適應環境的能力往往較弱，有時甚至看到陌生人也會害怕得大哭。因此，為了不讓孩子受到驚嚇，父母應避免讓陌生人突然接近孩子。可以先找一些性格溫順的孩子帶他玩，他們建立了友情，彼此之間的話就多了，然後再逐步擴大交流範圍，以有興趣的活動吸引他，讓他融入到團體中。

　　3．多帶孩子出去訪親拜友

　　孩子一直待在家中，很少和其他人有交流的機會，這樣對孩子來說弊多利少。為了鍛練孩子，平時可帶孩子到朋友家拜訪，或是參加一些活動，以增加孩子與他人交流的機會。例如，當你帶孩子到工作單位時，要預先告訴孩子：「單位裡有許多叔叔和阿姨，他們可能要問你話，你要大膽地告訴他們你幾歲了，姓什麼，叫什麼名字，有沒有上幼稚園等。叔叔阿姨會很喜歡你與他們講話的。」孩子有了心理準備，當陌生人問話時，就不會太緊張，而且會大膽地回答問題。

4・讓孩子事先做好接待客人的準備

如果家裡要來客人，家長不妨在客人上門前先為孩子做好心理準備。比如告訴孩子要來多少客人，他們是做什麼的，孩子應該有哪些禮節。父母還可以與孩子預先進行模擬演練，降低孩子恐懼的心理。

5・不要勉強孩子說話，更不要說傷害孩子的話

孩子因害羞而不願和人說話時，父母千萬不要勉強他，更不要說一些傷害他的話。不要在別人面前給孩子戴上「這孩子就是害羞」之類的「帽子」，這種定性的話只會產生負面的強化作用。時間長了，孩子會以為他就是害羞的孩子。

6・幫孩子樹立信心

害羞的孩子大多自卑，而父母的態度對孩子樹立自信心有極大的幫助。在孩子表現好的時候要表揚他，鼓勵他，說：你真棒！你很了不起！你做得對！就應該這麼辦！你好聰明啊！不要吝嗇自己的讚美，這樣會使他感到自豪，從而樹立自信。

7・家長可以透過給孩子講故事，讓他走出害羞情結

如害羞的鴨子和沒有自信心的天鵝是如何勇敢地踏出第一步，結果變成美麗又受歡迎的成員的。多幫孩子解釋和認識事物，以免他因無知而害怕。如孩子怕黑夜，就可以給他解釋天色為什麼會變得黑暗。

8・鼓勵孩子展露自己的優點

害羞的孩子一般都很內秀，因此要鼓勵他們多向別人展示自己的優點，讓其明白一旦克服了羞怯心理，就能向別人提供一個進一步了解你、關心你的機會。而且，內向的人對世界有獨特而細膩的感受，這也是其他人所不及的！

9‧家長陪孩子玩角色扮演遊戲

在日常生活中，家長可以拿一些孩子喜歡的玩具陪孩子玩一些角色扮演的遊戲。透過遊戲，可以增加孩子與人交流的經驗。另外，父母可以從遊戲中了解孩子心中的想法，並在遊戲中解決一些問題，這樣能更快地幫助孩子恢復自信。鼓勵他多進行戶外運動，多在戶外和小夥伴們一起玩遊戲。對害羞的孩子來說，嘗試玩沙子、抓蟲子、拍皮球等「髒髒」的遊戲，在臺階上跳上跳下、相互追逐、搶皮球等「危險」的遊戲都是有益的。孩子在戶外活動中難免磕磕碰碰，家長不要大驚小怪，這些「勇敢者」的遊戲是幫孩子練膽量的好辦法。

## 家長容易忽略的細節

‧ 接受他有害羞毛病的事實，每一個孩子都是一個有主意的獨立個體，他完全可以不按你的願望行事。不要因為他沒有聽你的話而發火，否則他會更退縮。

‧ 孩子有害羞、怕生行為表現時，切勿當場給予難堪和指責，增加其挫折感和退縮欲。有些孩子會因自身的溝通能

力或社交技巧不佳，而以逃避的方式對外，如果孩子不願在客人面前說話，切勿勉強，不要一口咬定「他就是這樣害羞，見到客人總是彆彆扭扭」。父母的話孩子聽了，會以為自己個性就是內向、害羞，而視怕生為理所當然。

· 適時給孩子打氣、鼓勵。不論孩子的表現如何，父母的態度是很重要的。如果孩子有怕生、害羞的情況時，父母要不時為孩子打氣，找出孩子怕生、害羞的潛在原因，並耐心教導他打開心房。

## 親子加油站

1. 家長不要要求孩子去做他做不到的事，當孩子產生挫折感而退縮時，給予正確引導。做到了，別忘了給予他適時的鼓勵和讚美，加強孩子自信心。
2. 帶孩子參與社交活動時，盡量避免讓孩子一開始時，接觸態度不佳或講話很大聲的長輩，以免孩子嚇到，更加退縮。
3. 引導孩子與其他小朋友交流，剛開始大人可隨時守在一旁，等到孩子打開心房、融入活動時再離開。

引導孩子變得大方是一個長期的過程，需要家長持之以恆，這樣才能克服孩子在交流過程中的害羞心理，變得大方起來。

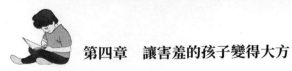

第四章　讓害羞的孩子變得大方

# 第五章
# 如何讓孩子變得合群？

　　當今社會是一個群體合作的社會，合群的重要性不言而喻。一個性格開朗外向，能很快融入集體的孩子總是很容易引起他人的注意，給別人留下深刻的印象，從而為他人所賞識，獲得表現自我的機會。而一個孤僻、不合群的孩子難免為群體所排斥，失去為他人了解的機會，從而可能導致與成功失之交臂的結果。

　　為了孩子能在群體中卓而「合群」，家長要從小培養孩子的群體意識。這對孩子的一生有很大的幫助！

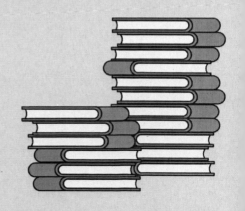

# 不合群影響交際

在心理學中，「樂群性」是一種很重要的心理素養，「親和力」是一種很受歡迎的人格魅力，而「樂群性」與「親和力」都不是與生俱來的特質，都需要後天的鍛鍊與培養。這其中，家庭教育起著關鍵性的作用。現實生活中的一些獨生子女，因為沒有了兄弟姐妹之間的友愛體驗，缺乏與鄰里同學的日常交流，大多時候他們都不得不獨自在家，這養成了他們孤僻任性的性格。如果家長不注意創造條件鼓勵孩子多和同齡人交流，只能使孩子更加不合群、孤獨、自私。

合群，不僅是一個孩子應該具備的良好道德品格，而且也是每一個孩子所應具備的良好的心理特質。因為社會化大生產要求絕大部分的工作必須透過許多人的合作才能完成，單靠個人奮鬥取得成功的時代已經過去了。正因如此，國際 21 世紀教育委員會在論述教育的四大支柱時，將「學會共處，學會與他人共同生活」作為其中非常重要的一大支柱，並認為「合群、與人相處可能是今日教育中的重大問題之一」。不合群對於孩子的危害很大。

首先，不合群影響孩子健康心理的養成。從心理學的角度來講，一個孩子正常的心理包括「學習心理」、「社交心理」、「法律心理」等，而其中的「社交心理」又是孩子健康心理的一個重要標誌。所以，可以這樣說，如果孩子沒有一個正確的

社交心理，那麼孩子就沒有一個完整的健康心理。

　　其次，不合群容易使孩子產生孤僻心理。孩子不願意與社交，其實就是孩子孤僻心理的一種表現。如果這種習慣無法及時得到糾正，那麼孩子的這種孤僻心理就會越來越嚴重，最後發展成「冷漠心理」，甚至是「仇視心理」和「報復心理」。不少走上犯罪道路的青少年就是這樣因為心理的變化而逐步走上犯罪道路的。

　　第三，不合群不利於孩子社交能力的提高。孩子與他人的社交能力也是在孩子參與社交的過程中不斷地得到鍛練和提升的。如果不及時改變孩子的這種不合群的現象，就會大大影響孩子社交的能力。

　　第四，不合群的孩子通常給他人留下孤傲、我行我素、比較自我的印象。一些在家中養成的唯我獨尊的習慣導致了孩子的自傲、不喜歡與同齡孩子交流的特點。或者在與其他孩子相處過程中，有著一種「以自我為中心」的強烈意識。當別的孩子不按自己的意思行事時，他們往往不再喜歡與人交流。

　　總之，培養孩子與人和睦相處、有團體精神的習慣非常重要。孩子只要從小有群體意識，長大以後才不至於固執、一意孤行，導致一些不必要的損失。

### 小叮嚀

如何了解你的孩子是否「合群」？

1. 從生活細節了解你的孩子是否是個「獨行俠」，總是喜歡獨來獨往，做自己的事情，有什麼事情也不喜歡跟別人交流商量。如果你的孩子有這樣的傾向，一定要及時疏導，因為孩子「孤獨」太久，可能會產生人際交流的障礙。

2. 與老師交流，了解孩子在集體中的表現。多與老師交流、溝通，及時發現問題。這對糾正孩子不合群的行為有幫助。如果時間長了，就很難糾正了。

3. 從孩子的同學中了解孩子的人緣。一個人際關係好的孩子通常有許多朋友，他們能跟朋友們融洽相處，且有一定的口碑。而一個不合群的孩子不會給人留下什麼深刻的印象。

# 從《不合群的小蝌蚪》談起

許多孩子在爸爸媽媽的羽翼下，在爺爺奶奶的庇護下，變得不可一世起來，自己覺得跟別人不同，所以養成了不合群的習慣。這樣「孤芳自賞」的性格，對孩子的心理健康非常不利，更不利於孩子成長。為了糾正孩子這種壞毛病，家長不妨給他們講講《不合群的小蝌蚪》這個故事，讓孩子了解不合群的危害──

青蛙媽媽帶著一群小蝌蚪出去郊遊。一路上，小蝌蚪們快樂地討論著自己的所見所聞，只有一隻小蝌蚪沒有做聲，自顧自地游離了隊伍。在牠看來，其他的小蝌蚪太可笑了，怎麼這麼幼稚呢？哪裡像牠，不但個頭明顯比別的蝌蚪大，還有思想、有主見，經常得到青蛙媽媽的表揚呢！牠才不屑於跟其他的蝌蚪兄弟一起玩呢！牠想去見識更大的世面。

於是，趁著青蛙媽媽和其他小蝌蚪不注意，這隻孤傲的小蝌蚪自己玩去了。不知不覺中，這隻蝌蚪離自己的隊伍越來越遠了。可是誰也沒有注意到，隊伍裡居然少了一隻蝌蚪。

小蝌蚪游呀游呀，天黑了，牠再也找不到回家的路了。於是躲在一片荷葉下面偷偷地哭了起來，牠是多麼後悔沒有聽媽媽的話，獨自跑出來玩呀！

可是，後悔有什麼用呢？這時，小蝌蚪在黑暗中聽到了媽媽焦急的叫聲：「呱、呱，我的蝌蚪哪裡去了呀？」

小蝌蚪聽到媽媽的聲音，趕緊從荷葉底下鑽了出來游向媽

媽。不幸的是，正好有一條蛇經過，於是，這隻可憐的小蝌蚪還來不及叫媽媽，就被那條蛇吞進了肚子裡。

哎，誰也不知道，那曾經是一隻多麼聰明的蝌蚪呀！

特立獨行，從表現上看起來是這個人很有個性，與眾不同。實際上是因為這個人不懂得與別人相處，不會與人交流！這樣的孩子最終會因為沒有朋友導致性格孤僻，對個人發展非常不利。所以，學會與人交流，多看到別人的優點，能讓我們變得更加出色！

## 備選故事任你挑

每個孩子成長的過程，都是一個由「自然人」變成「社會人」的過程。這個過程有兩個顯著的特點：第一個是群體性，孩子的成長離不開夥伴，再好的父母都沒有辦法替代夥伴的作用；第二個是實踐性，孩子需要在體驗中成長，與小朋友交流是孩子最初的社會人情實踐。因此，從小培養孩子的社交能力、社交習慣很重要。為此，編者特地安排了以下的故事以幫助孩子正確了解群體的作用。

### ▍花羽毛小松雞

有幾隻松雞在外面找食物。紅冠冠撿到一顆又大又圓的松子，對瘸瘸腿喊：「瘸瘸腿，我撿到一顆大松子。」花羽毛聽見了，忙衝了過來：「我要，我要！」

紅冠冠卻說：「瘸瘸腿的腿有毛病，找松子很困難，我們應該幫助牠。」花羽毛一聽就來氣了，心想：「你們都不喜歡我，我才不跟你們在一起呢！」於是，牠氣呼呼地走了。

冬天到了，松雞們都躲到窪地去了，只有花羽毛還在野地裡遊蕩。牠冷極了，渾身直打哆嗦。忽然，不知從哪兒躥出來一隻狐狸，朝著牠撲了過來。花羽毛嚇壞了，拚命地向前跑著。這時，夥伴們從窪地那邊喊道：「花羽毛，快點，往這邊跑！」花羽毛趕緊朝他們奔過來。瘸瘸腿拉著花羽毛在前面跑，紅冠冠和瞇瞇眼跟在後邊保護。牠們一邊跑，一邊用後腿刨著積雪。狐狸被雪瞇了眼，只好停下了腳步。

幾隻小松雞帶著花羽毛回到窪地裡的家。花羽毛讚嘆說：「這裡真像城堡！」紅冠冠說：「這都是我們齊心協力挖出來的，沒有集體的努力，我們松雞是過不了冬的。」

花羽毛聽了，羞愧地說：「以後，我再也不離開大家了。」

不合群，沒有團體合作精神的人像花羽毛的小松雞一樣容易受到傷害。只要融入群體當中，借助團體的力量不但能讓自己變得強大，更能因此而避免一些意外的傷害。做一個合群孩子能讓自己受益無窮！

## 不再驕傲的小金魚

生活中因為自我感覺良好而變得不合群的孩子比比皆是。實際上這種習慣不僅影響孩子的人際交流，還影響到孩子正常

的生活，對孩子的成長不利。如果你家也有這麼一個「驕傲」的「小寶貝」，不妨找個機會給他（她）講講這個故事——

公園的池塘裡，游動著上百條小紅魚。牠們三五成群，游東游西，別提多悠閒、多快樂了。只有一條小紅魚不合群，獨來獨往，誰也不搭理。

一群小蝌蚪游過來，圍著小紅魚問：「喂，小紅魚，你怎麼總是耍自閉呀？孤孤單單，多寂寞啊！瞧你那些姐妹們，成群結隊的，有說有笑，多開心呢！你真是好孤僻、好奇怪喲！」

「有什麼好奇怪的！你們沒瞧見嗎？我長得和牠們不一樣！我是小金魚，牠們是小鯉魚。我的衣裙，是用綾羅綢緞做成的，可雍容華貴了；我的頭上，還戴著美麗的花冠呢！我簡直就是一位公主！」說著，牠驕傲地扯一下自己的衣裙，再摸一下頭上的花冠，接著說，「可是牠們穿的是廉價的衣衫；頭上光禿禿的，連頂帽子都沒有。簡直醜死了，我才懶得理牠們呢！哼！」小金魚撇著嘴，一副不屑的神情。

「噢，明白了。原來你是嫌牠們醜啊！可牠們一點都不醜呀！挺漂亮的，和你一樣。」小蝌蚪們誠實地說。

小金魚生氣了，「哈，和我一樣？！真是有眼不識小金魚！你們這群醜八怪！黑不溜丟、胖不拉嘰的，屁股上還長一條尖尖的小尾巴，簡直醜不忍睹！比那些小鯉魚還醜上 100 倍、1,000倍、10,000 倍呢！你們當然會看小鯉魚漂亮了！快走開，看你們一眼都丟臉！」小金魚真是太傷人了。

小蝌蚪們，被氣得肚子一鼓一鼓的，卻又無法反駁。因為小

金魚說得沒錯呀，自己本來就是這副長相啊！牠們只好忍氣吞聲，把委屈往肚子裡咽。

這時，一隻水蠍子走過來說：「嘿，小金魚，你損人損到家了！真夠惡毒的！在我眼裡，小蝌蚪和小鯉魚比你美上 100 倍、1,000 倍、10,000 倍呢！雖然牠們長得沒你漂亮，可是牠們心地善良，團結友愛，活潑開朗、陽光快樂！不像你，心底陰暗，不講情誼，尖酸刻薄，鬱鬱寡歡！美不美，不能光看外表，內在美才是真的美！你這樣驕傲自大、孤芳自賞，不孤獨死才怪！」

水蠍子說完，揮下手，「走，小蝌蚪，我們去看小鯉魚跳高比賽吧！」

「好哇，好哇！跳高比賽一定很好看。」大家「呼」一下，一齊高高興興跑走了。

小金魚被水蠍子狠狠數落了一通，一下子如當頭棒喝。「是啊，水蠍子說得對！我這樣孤芳自賞，拒絕朋友，遲早會在孤獨中苦悶而死的。漂不漂亮有什麼關係，快不快樂才是最重要的！」

小金魚變得高興起來，飛也似的向比賽現場奔去。這時，小鯉魚們正比賽得熱火朝天呢！牠們一個接一個奮力從水面躍起，這一躍就是二三尺高呢！令在場觀看的小動物們驚嘆不已拍手叫絕。

小金魚不由自主地大叫：「太棒了！小鯉魚，你們真帥！」還摘下頭上的花冠拋向空中。簡直要瘋掉了耶！

水蠍子和小蝌蚪們被小金魚的大叫聲吵到了，就都回過頭來看。「是小金魚耶！小金魚想通了，不再驕傲了！牠在讚揚小鯉魚呢！真是太好了！」

小金魚游到小蝌蚪和水蠍子跟前，興奮得滿面紅光。牠激動地說：「謝謝朋友們！謝謝你們的關心和幫助。水蠍子大哥的批評，真是一語點醒夢中人！好厲害喲！令我翻然悔悟，茅塞頓開。以前我錯了，今後我會拋開驕傲，做大家最好的朋友！」

　　「好啊，好啊！這樣的小金魚才是最美麗、最可愛的！」大家歡呼起來。小金魚衝到小鯉魚們的身邊，和牠們熱烈擁抱。

　　自以為是、拒絕友情的孩子是不會有出息的。最終，他只會因為自己的自以為是導致孤獨、沒有人理。這是多麼可憐的呀！一個人要想收穫友情，就應該平等對待他人，不驕傲自滿、不自以為是，更不能以自我為中心，這樣，才能贏得很好的人緣。

## ▌羅斯福兒時的故事

　　當然，還有一些孩子因為長相或者成績不如人，產生自卑的心理，導致不合群。孩子若有這樣的心態，家長要及時調節。《羅斯福兒時的故事》就是一個很好的範例 ——

　　有一個 8 歲的小學生，長著一副並不漂亮，甚至有些醜陋的面孔。他個子不高，畏首畏尾，誰看了都覺得好笑。

　　他的腿先天就有毛病，細小無力。當他在課堂上被老師叫起來背書時，更顯得局促不安，站在那裡兩腿直哆嗦，背誦的句子含糊不清，幾乎沒有人聽得懂。背完後，他便頹然坐下，儼如身經大戰，疲乏不堪。

認識他的人幾乎都認定這是一個不會有出息的孩子，他也是這樣看待自己的，然而他的爸爸對他說：「男孩子都應該有一番志向。你的志向是什麼？」

他想了想，回答：「我想當總統。」

父親並沒有嘲笑他，而是嚴肅地對他說：「想做總統，你就要改變自己，成為一個能夠影響別人的人。」

於是，這個內向、怯懦，在別人眼中幾乎是不可救藥的孩子，開始了默默地努力。他不再膽小、退縮，而是主動和別人說話，即使受到了別人的嘲笑，他也毫不畏懼；他不再經常一個人躲在房間裡看書，而是參加各種集體活動。在聚會中，他總是搶先發言，表達自己的觀點。大家都驚奇地發現，以前那個不起眼的、說話結巴的孩子，現在正在變得越來越善於發言。

經過努力，長大後，這個曾經內向、怯懦的孩子終於成了一名律師。在法庭上，他以自己敏銳的思維和雄辯之才處理了許多有影響力的大案子，之後又憑著自己超人的影響力成為政界的一顆新星，最後成了美國歷史上第 32 位總統。

孩子，外在的條件不如人並沒有什麼大不了的，不必因此而自卑，導致不敢與人交流。朋友與你相處，重要的是看你的人品，你的行為，而不是你的一些外在條件。只要你忽略自己的缺點，發揚自己的優點，總有一天，你能變成一個有影響力的人！

## ▎他變了

　　小山的爸爸從鄉下來到都市工作，同樣也把小山帶到了都市念書。

　　剛開始的時候，小山成天悶悶不樂的。爸爸問他什麼原因。小山說：「爸爸，我不喜歡這裡，這裡的同學老是嘲笑我說話土得掉渣，還不喜歡跟我一起玩，我想回老家去。」

　　爸爸聽了，笑咪咪地說：「臨陣脫逃可不是勇敢的表現哦！你為什麼不去改變別人對你的看法呢？」

　　小山急切地問：「那我該怎麼改變別人對我的看法呢？」

　　爸爸摸了摸小山的頭，意味深長地說：「很簡單，多幫助你身旁的人，不要擔心別人嘲笑自己。」

　　這樣真的就能改變同學對自己的印象嗎？小山半信半疑。

　　第二天回來，小山變得有點不一樣了。他告訴爸爸他今天幫同學一起掃地了。爸爸笑著說：「那就繼續！」

　　第三天回來，小山告訴爸爸，他不害怕了，他在班上讀課文了，同學沒有笑話他，老師還表揚他有進步了呢！他還幫助老師擦黑板。

　　爸爸這次沒有說話，只是微笑著點點頭。

　　過了一些日子，小山覺得班上同學對自己都很好了。同學們也認為小山變得合群了，不再像以前一樣孤僻了。

　　孩子，到底是誰變了呢？（家長可以引導孩子談談自己的

看法）其實，是小山用自己的行動、用自己的熱心改變了同學們對自己的看法。最重要的是，小山變得有自信了，他能看到自己的優點，知道自卑是解決不了問題的，所以他變得開朗、樂觀、有自信了！我們要向小山學習，讓別人改變對自己的印象，要從學會幫助他人做起。

## 不合群的阿博

阿博是個聰明孩子，無論什麼問題他都很積極的回答，常受到老師的表揚。但是，一到遊戲時間他就表現得截然不同了，他常對老師說：「我不願意和小朋友玩，沒意思。」不管老師怎麼動員，他都表示要自己看書。他認識許多字，看書時非常專心。據家長反映，阿博在家時也不跟其他孩子玩，就喜歡看書。

有一次，班上舉行一個團體活動，要求小朋友們選擇一個對象跟自己合作。阿博傲慢地站在人群裡，等著別人來選擇自己。最終，小朋友們很快就選好了與自己合作的對象，只有阿博一個人沒有人選，杵在那裡，急得哭了出來。

老師把阿博帶到身邊，告訴阿博說：「孩子，你很聰明，這大家都知道，但為什麼別人選擇與自己合作的對象就是不選你呢？是因為你平常都不喜歡跟別人一起玩，讓大家覺得你太陌生才這樣的！以後，我們不管在讀書還是在工作中，很多事情都需要跟大家一起完成的，如果一個人沒有合作意識，只會自

己埋頭苦幹，一定不會獲得好成績的！你想想你以前對小朋友的態度對不對呀？」

阿博含著淚想了想，然後說：「老師，我知道了，以後我會跟小朋友們一起玩的。」

後來，在老師的帶領下，他變得越來越開朗，越來越受歡迎了！

孩子，要想變得受歡迎其實並不難，只要你用真心，就能換得真心。如果我們在生活中，總是自以為了不起，事事以自我為中心，只會讓他人反感，從而找不到一個真心的朋友。

一個富商和一個書生打賭。條件是：這位書生單獨在一間封閉的小房子裡讀書，富商每天派人透過高高的窗戶給他送兩次飯。如果書生能夠堅持十年，他將贏得這次打賭的賭注 —— 這位富商的全部家產。

於是，這位書生開始了一個人在小房子裡的讀書生涯。開始的時候，他覺得日子過得著實愜意：念念「之乎者也」，背背「大江東去」，讀讀《桃花源記》，到了時間就有人送飯進來。累了還可以伸伸懶腰，默想一番「顏如玉」和「黃金屋」，甚至可以在木板床上小憩片刻。

但是這種與世隔絕的日子過了沒多久，書生開始受不了。

他聽不到大自然的天籟之聲，見不到朋友，也沒有敵人。他的朋友和敵人就是他自己，沒有人和他交流思想，也沒有人

傾聽他說話。書中固然有豐富多彩的生活，但自己卻被隔絕在這種生活之外，無法去經歷和體驗人生的歡樂和悲傷。

書生終於徹悟：十年，自己的生命力早已枯萎，即便大富大貴又能怎樣？於是，他自動放棄了這一賭。

這一故事告訴我們，任何一個人，都無法脫離社會、脫離群體而獨立存在。如果一個人無法融入群體中，就可能會變成痴人，會被荒蕪、寂寞、孤獨吞噬。

## 給家長的悄悄話

在當今社會中，孩子不合群現象普遍存在。只要仔細觀察，我們就會發現許多孩子都存在不合群的現象。表現如下：

- 不積極投身集體活動。對集體活動不感興趣，有的甚至不肯參加，他們情願站在一旁觀看，也不願投身其中。
- 不喜歡爭論。其實孩子的天性一般是好動好說的，遇到一些事情喜歡爭論。這種爭論是一種交流形式，並不是壞事。但有些孩子卻從不與別人爭論，別的孩子想與他爭論都不搭腔。
- 不主動幫助別人。有些孩子對其他小朋友的困難漠不關心，視而不見，從不主動去幫助他人。

其實，人類從來都是群居動物，不合群的現象對於孩子而言並非天生的，而是後天養成的。可以說，每一個不合群的孩

子都有其具體的原因，父母只有在全面了解了孩子不合群的具體原因之後，才能對症下藥、有的放矢地採取相應的校正措施。根據專家觀察和分析，孩子不合群的原因主要可歸納為如下幾點：

- **怕生導致孩子不合群**：現在大多數家庭中都只有一個孩子，因為在家很少有小夥伴，特別是剛去學校的孩子，對新環境有陌生感，面對眾多的小朋友，一時難以適應。這是很正常的，一些時間之後，就能調整過來。

- **優越感導致孩子不合群**：有些孩子的家庭條件比較優越，在吃飯、穿著上面都比較講究，這就讓孩子養成了自我感覺優越的心理，總覺得自己與眾不同，往往不高興與條件不如他的孩子打成一片。這種心理則是需要家長警惕的，需要調教。

- 嬌慣造成孩子不合群：有些孩子在家被嬌寵慣了，想幹什麼就幹什麼，一切以「我」為中心。他們在學校中覺得沒有在家裡自由、舒適，於是對群體的生活無興趣，對其他小朋友沒有感情。

- **父母對孩子的過度關切，事事代為安排，往往令孩子失去發展合群性的機會**：例如當孩子學習自己玩的時候，父母常過分注意他，拿東西給他、抱他，令孩子無法充分、自由地發展自己的興趣。這類的孩子會如溫室中的花朵，很

難禁得起挫折與壓力。當他好不容易探出觸角，卻發現外在世界危機四伏時，便快速鑽回自己的安樂窩。

· **性格孤僻、自卑也可能導致孩子不合群**：一些孩子的外在條件或者家庭條件不如其他孩子，這導致孩子產生自卑的心理，他們擔心受人嘲笑，於是不敢走進人群。久而久之，便成了「獨行俠」。

總之，造成孩子不合群的原因是多方面的，需要家長細心觀察，悉心了解，這樣才能更好地教育孩子，使之走進人群，擁有團體的快樂生活！

## 應如何讓孩子變得合群

· **曉之以理**：幼兒不懂如何與別人和諧相處，也不了解集體生活中的行為規範，這就需要我們去教育引導。但教育不能光講大道理，要結合具體事例，講得生動有趣，使幼兒樂於接受。可以利用各種活動進行教育，還可以編一些有針對性的小故事來教育幼兒。

· **強化訓練，培養行為習慣**：可以安排一些活動，促進幼兒相互交流。如開展「對對坐，交朋友」活動。讓兩個並排對坐的幼兒結成對子，先交朋友，然後擴大交友範圍。這些坐在一起的幼兒相互接觸多，交流也就多了。另外，在安排值日生時，也要考慮適當搭配，讓比較活躍的孩子與不

合群的孩子組合在一起，促進和帶動不合群的孩子轉化。還可以採用辯論、講故事、玩遊戲、畫圖等方法。當然，孩子的行為習慣、個性的養成不是一朝一夕的事，也不是一個故事或一項活動就能完成，要細水長流，持之以恆，反覆練習，不斷強化。

· **樹立榜樣、建立良好的班級**：用同伴進行榜樣教育，說服力大、效果好。發現班上樂於助人、善於社交的孩子，就樹為榜樣讓大家向他們學習。既鼓勵了做得好的小朋友，也促進了不合群小朋友的轉化。逐步建立一個同伴間互相學習、團結友愛的班級。

· **培養團體精神和集體榮譽感**：首先要讓孩子多參加一些團隊活動。讓孩子明白只有融入團隊當中，關心他人，關心團體，才能得到別人的關心，也才能真正變得快樂起來。

· **讓孩子克服害羞心理**：害羞心理，是孩子與他人良好交流的一個巨大障礙。害羞的孩子膽子特別小，不太愛表現自己，在社交場合顯得比較拘謹，與別人打交道時很少主動，不善於與別人進行有效的交流。

· **培養孩子的自信心**：孩子只有與他人來往的多了，才能更有自信心，才能更樂於與他人交流；孩子只有與他人來往的多了，才能更有親和力，才能使其他孩子更願意與他相處；孩子只有與他人來往的多了，才能較好地學習和掌握交流的技能，

才能避免在與人交流中的消極行為。因此，家長應該盡可能地為孩子打開生活空間，讓孩子與同齡夥伴進行更多交流。

- **培養孩子與人社交的技能**：在與他人交流時，因為缺乏社交經驗，孩子難免會出現一些消極行為。因此，當好孩子的社交參謀，教給孩子基本的社交技能是非常必要的。孩子只有掌握了與人交流的技能，才能更好地與其他的人友好相處。

## 家長需要注意的原則

- **不要無端地指責與謾罵**：對於社交能力不太強、不合群的孩子，家長千萬不能指責孩子「沒出息」、「上不了檯面」等，因為指責和埋怨對孩子的社交能力不會有絲毫幫助，反而會加重孩子的心理負擔，增加孩子與人交流中的自卑感，使他的社交行為更加退縮。

- **多給孩子鼓勵**：鼓勵孩子走出家門廣交朋友，鼓勵孩子多參加團體活動，鼓勵孩子不斷地適應新的環境，鼓勵孩子積極擴大自己的朋友圈，鼓勵孩子主動接近他人，鼓勵孩子自己去處理一些能夠解決的事情。

- **多表揚孩子的進步**：家長應當適時表揚孩子在社交活動中的進步，比如孩子將好吃的東西主動拿去與朋友一起分享，碰到外人主動向人家問好，與小夥伴一起玩耍時不再鬧矛盾，透過表揚和獎賞等方式給這些好的行為以正強化，這樣可以有效地激勵孩子更多、更好地與人交流。

## 親子加油站

對於孩子而言，與人交流的學習是一個從陌生到熟悉的過程。沒有誰天生就有群體精神，更沒有誰天生就是不合群的。家長的教育、引導和有效的訓練，能讓孩子很快融入團體當中，與其他的孩子打成一片。相反，家長如果總是阻止孩子與人交流，必定妨礙到孩子的社交能力與人際關係。此外，對孩子講講人際交流的道理，讓孩子了解人際交流的原則和重要性，能讓孩子變得更加合群。

# 第六章
# 你的孩子懂得體諒他人嗎？

「自我為中心」是指孩子在任何情況下，都以自己為主，做事只以自己的興趣和需求為出發點，不會考慮他人，不關心別人等。

孩子的自我中心意識過強，當他們步入社會的時候，就會不顧別人的感受而把自己的喜怒哀樂凌駕於別人之上，很難與別人和睦相處，導致矛盾的發生和升級。

因此，身為父母，我們應該在孩子小的時候就對孩子進行正確的教育，防止孩子形成自我為中心的性格。讓孩子學會多站在他人的立場上考慮問題、體恤別人，就能獲得好人緣。

第六章 你的孩子懂得體諒他人嗎？

## 教孩子換位思考

　　現今，有很多孩子都是家裡的獨生子女，幾個大人圍著一個小孩轉，很容易讓孩子養成唯我獨尊的習慣和個性。在與同伴交流的過程中他們難免以自我為中心。這些孩子總希望在任何情況下別人都能聽命於他，以他為中心，以便展現自己在人群中的重要地位。他們在考慮問題時習慣從對自己得益的角度出發，對自己有好處的事情比較願意去做，而要讓他們為別人付出些什麼往往比較困難。孩子的這種傾向將影響到他與同齡夥伴的正常交流，因為這些孩子無法善解人意、不愛關心別人、不願幫助別人、不懂得分享、不會與他人合作，很難給人留下好的印象，很難受到同學們的歡迎。這樣的小孩，長大以後，往往會剛愎自用，無法處理好人際關係，甚至產生社交恐懼症；同時，他總是覺得自己是對的，別人是錯的，覺得這個世界不公平、黑暗，一生處於焦慮、憤恨的情緒之中，嚴重影響生活品質和心理健康，對孩子有百害而無一利！

　　所以，家長在日常生活中應當幫助孩子擺脫自我中心，鼓勵和培養孩子的利他行為，要讓孩子學會理解別人、關心別人和幫助別人，比如當同學有困難的時候主動伸出援助之手，下雨下雪天主動將沒帶雨具的同學送回家，有同學生病住院主動去醫院看望，自己有好吃的東西主動拿去與朋友一起分享，自己有好看的圖書主動借給其他同學翻閱等。孩子這些事情做多

118

了，不僅自私自利的毛病可以改掉，也會給他的夥伴們留下很好的印象，在與同伴們交流時也會更受歡迎。

讓孩子學會換位思考。換位思考是人對人的一種心理體驗過程。它要求站在對方的立場上體驗和思考問題，設身處地為他人著想。把自己放在他人的位置上思考，真切的感受別人的痛苦和困惑。而不是碰到問題就感到自己受了傷害，怨天尤人，一味埋怨。孩子若能做到這一點，必定能變得逐漸開朗、豁達起來；相反地，孩子如果不懂得換位思考，不會體諒他人，凡事光想著自己，處處想占上風，是很難與人友好相處的。因此，教孩子學會欣賞他人，學會尊重他人，學會寬容、理解他人，這對孩子的社交是大有裨益的。

## 小叮嚀

你的孩子是否總以自我為中心？

1. 在家裡的表現情況。有好吃的，孩子是否只想到自己，絲毫沒有考慮到別人的需求？看電視時，是否總自己霸占著電視節目不放？如果你的孩子有這樣的傾向，家長不要總給予滿足，要讓孩子學會換位思考，懂得他人也有同樣的需求。

2. 在外面的表現情況。與小朋友一起玩的時候，孩子是否總喜歡指使別人，看到自己喜

歡的東西，不肯與人分享？遇到這種情況，
家長要引導孩子了解一起玩的樂趣，從而學
會同理和分享。

# 講個《小榮掉牙》的故事

聰明的孩子難免自命不凡，所以無法理解別人的苦衷，無法體諒弱者的難處。所以，能夠體諒他人難處的孩子，不僅有一顆美好的心靈，更具備良好的教養。要想讓孩子學會體諒別人，不妨讓孩子聽聽下面的故事 ——

小榮是個聰明、懂事的好孩子，但懂事的孩子有時候也會犯錯誤。

有一次，小榮和別人家的孩子一起在外邊玩。路邊有一個盲人一邊拉手風琴一邊唱歌。他的面前擺著一個帽子，路過的人們覺得他唱的歌好聽，就往他的帽子裡扔一些錢。

孩子們圍著這個盲人，覺著很好奇，紛紛叫嚷：「瞎子，瞎子，快來看瞎子唱歌。」

小榮也跟著喊。

看到這一幕，小榮的爸爸很生氣，把小榮叫了回來，狠狠批評了一頓。

小榮低著頭，心裡想：「他們都在喊，為什麼我不能喊？」

爸爸看出他的心思，想起小榮的牙齒掉了，就語重心長地

說：「今天你圍著一個盲人嘲笑他的眼睛瞎了，如果哪天有人看到你少了一顆牙，對著你喊『豁牙子，豁牙子』，你會怎麼想？」

小榮聽了，臉一下就紅了。

爸爸拍了拍小榮的腦門，輕輕地說：「知道錯了就好。在生活中，我們每做一件事情，都要多想想別人的感受，不能隨便嘲笑、挖苦別人，那是非常不好的。」

小榮懂事地點了點頭，從此，他再也不隨便嘲笑別人了。

孩子，遇到事情，多站在別人的角度上，設身處地想一想，如果我是他，別人對我這樣，我會傷心難過嗎？如果會，我就不應該這樣對待別人。一個懂得站在他人角度上考慮問題的人，一定能夠受到他人的尊重和喜愛。

## 備選故事任你挑

體諒他人、替他人著，想要求孩子站在對方的立場上體驗和思考問題，設身處地為他人著想，理解他人的難處、他人的處境、他人的艱辛，真切地感受他人的痛苦和困惑。

孩子一旦學會了體諒別人、替他人著想，不僅可以讓孩子了解別人，贏得友誼，而且還能讓孩子更好地與他人進行溝通。可以說，體諒他人、替他人著想是孩子化解矛盾、贏得友誼與尊重的法寶。

## 小羊請客

小羊請小狗吃飯，牠準備了一桌鮮嫩的青草，結果小狗勉強吃了兩口就再也吃不下去了。過了幾天，小狗請小羊吃飯，小狗想：我不能像小羊那樣小氣，我一定要用最豐盛的宴席來招待牠。於是小狗準備了一桌上好的排骨，結果小羊一口也吃不下去。

本來牠們都是好意，可實際上只是考慮到自己的需求，並不知道對方的需求，所以引起了一些誤會和笑話。在生活中，我們不能總是把自己的想法強加給他人。同一件事對不同的人來說，由於對事物的認知、感受、自身的能力、興趣、愛好、習慣等諸多不同，造成對事物的反應不同。遇到問題的時候多進行一下換位思考，多站在對方的角度上想想，這樣，你會更能理解他人。

## 體貼的心

牧場裡，有一對父子眼看太陽快下山了，急忙把牧場上的牛往牛棚裡趕。

這時其他牛很快就進了牛棚，唯獨有一隻小牛任憑父子倆用什麼辦法都不肯進入牛棚。這可把父子倆急壞了。

這時，母親走過來問：「怎麼回事？」

「小牛不肯進入牛棚，我們不知道該怎麼辦才好。」父親回答說。

母親走到小牛旁邊，用手指貼著小牛的鼻尖。小牛誤以為是母牛的乳頭，就開始吮吸手指。母親就一邊將手指貼著小牛的鼻尖，一邊向牛棚走去，小牛高高興興地跟著母親的手指走進了牛棚。

這到底是怎麼回事呢？經過母親的解釋，父子倆明白了。

原來這對父子一直站在自己的立場上想，天快黑了，必須趕快把小牛趕進牛棚裡，所以沒有考慮到小牛的需求。自然地，沒有辦法順利把小牛趕進牛棚。母親不同，母親覺得小牛應該是肚子餓了才這麼倔強的，於是，她用手指當作母牛的乳頭，從而很快就把小牛引進牛棚裡了。孩子，關懷、體貼就像一把萬能的鑰匙，它能打開緊閉的心扉，讓你看到對方的需求。這樣你做任何一件事情都能夠順利，即便有再大的困難也可能因為你的體諒迎刃而解。而一個不會體諒別人的人終究很難辦成事情。

## 面子問題

沃恩每年都會受邀參加某單位的雜誌評審工作，這個工作雖然報酬不多，卻是一項榮譽，很多人想參加卻找不到門路，也有的人只參加一兩次，就再也沒有機會了。沃恩沃恩卻年年有此「殊榮」，這讓大家都羨慕不已。

沃恩在年屆退休時，有人問他其中的奧祕，他微笑著向人們揭示謎底。

他說，他的專業眼光並不是關鍵，他的職位也不是重點，他之所以能年年被邀請，是因為他很會給別人「面子」。

他在公開的評審會議上一定會掌握一個原則：多稱讚、鼓勵，少批評。但會議結束之後，他會找來雜誌的編輯人員，私底下告訴他們的缺點。

因此，雖然雜誌有先後名次，但每個人都保住了面子。也正是因為他顧慮到別人的面子，因此，承辦該項業務的人員和各雜誌的編輯人員都很尊敬他、喜歡他，當然也就每年都找他當評審了！

每個人都有自尊，不知道給人面子，當眾批評他人，不但讓別人下不了臺，更讓孩子下不了臺。真正的幫助是誠懇的，需要掌握分寸。如果當眾指出別人的不足，不但無法讓別人感謝你，反而對你產生了憎惡的情感，這是得不償失的！

## ▌坐在別人的椅子上試試

能從別人的角度考慮問題，就不會表現出魯莽、自高自大、自我中心。如果你的孩子不會從對方的角度考慮問題，只強調自己的感受，忽視別人的感受，就很難和別人相處。

如果一個人不會從別人的角度考慮問題，將來他在社會中的發展就可能受到限制。

羅伯森‧沃爾頓，是沃爾瑪公司的創始人。

一個星期日，正是店裡顧客盈門的時候，沃爾頓像往常一樣，換上便服，裝扮成一個購物者的樣子，到店裡來巡查。

他來到銷售鞋子的櫃檯前，看到一位老婦人正在試一雙鞋子。為了讓顧客試鞋的時候更方便一些，店裡專門給試鞋的顧客準備了可以改變高度的升降椅。這樣，顧客可以根據自己的感覺調節升降椅的高度，使自己在試鞋時更舒服一些。老婦人坐的椅子有些高，她年紀大了，彎腰很不方便，顯然她不知道椅子的高度是可以調節的，但表情懶散的售貨員顯然沒有幫助她改變椅子高度的意思。老婦人試鞋的時候感到很吃力，索性放棄了購買。

下班之後，沃爾頓把這名員工叫到自己的辦公室，問她：「今天上午你為什麼沒有幫助那位老婦人把椅子調整得更舒服一些呢？」

員工顯然沒有想到總裁會因為這件事責備自己，她辯解說：「可是，我覺得她並沒有什麼不舒服啊？」

沃爾頓想了想，他取來一把升降椅，把椅子調得很高很高，然後對這位員工說：「既然這樣的話，你親自試一下。」

員工坐在高高的升降椅上，做出試鞋的動作，她費了很大力氣才能夠彎下腰去，試鞋就更費力氣了。這時，她的臉一下子紅了。

換位思考就是把自己當成別人，把別人當成「你自己」，然後思考：「如果我處在他那個環境當中，我會怎麼做？我會有怎樣的感受？」它客觀上要求人們把自己的內心世界與對方聯繫起來，站在對方的立場上體驗和思考問題，從而與對方在情感和思維上進行溝通，為增進理解奠定基礎。

## ▎如何讓自己變得愉快？

一位十幾歲的少年去拜訪一位老智者。

他問：「我如何能變成一個自己愉快、也能夠讓別人愉快的人呢？」

智者笑著望著他說：「孩子，在你這個年齡有這樣的願望，已經是很難得了。許多比你年長很多的人，從他們問的問題本身就可以看出，不管跟他們怎麼解釋，都不可能讓他們明白真正重要的道理，就只好讓他們那樣好了。」

少年滿懷虔誠地聽著，臉上沒有流露出絲毫得意之色。

智者接著說：「我送你四句話。第一句話是，把自己當成別人。你能說說這句話的含義嗎？」

少年回答說：「是不是說，在我感到痛苦憂傷的時候，就把自己當成別人，這樣痛苦就自然減輕了；當我欣喜若狂時，把自己當成別人，那狂喜也就變得平和一些？」

智者微微點頭，接著說：「第二句話，把別人當成自己。」

少年沉思了一會，說：「這樣就可以真正同情別人的不幸，理解別人的需求，並且在別人需要的時候給予恰當的幫助？」

智者兩眼發光，繼續說道：「第三句話，把別人當成別人。」

少年說：「這句話的意思是不是說，要充分地尊重每個人的獨立性，在任何情形下都不可侵犯他人的核心領地？」

智者哈哈大笑：「很好，很好，孺子可教也！第四句話是，

把自己當成自己。這句話理解起來太難了，留著你以後慢慢品味吧。」

少年說：「這句話的含義，我一時體會不出，但這四句話之間有許多自相矛盾之處，我要怎麼把這些話統整起來呢？」

智者：「很簡單，用一生的時間和精力。」

少年沉默了很久，然後叩首告別。

後來少年變成了青年，又變成了老年，再後來在他離開這個世界很久以後，人們都還時時提到他的名字。人們都說他是一位智者，因為他是一個愉快的人，而且也給每個見過他的人帶來了愉快。

能夠給別人帶來愉快的人不但能夠把自己當成別人，排解自己的苦痛，還能把別人當做自己，體諒別人的不幸，了解別人的需求，並且在別人需要的時候給予恰當的幫助。尊重別人，做一個獨立的人，這樣才能最終得到他人的尊重和信賴，獲得心靈上的快樂！

## 給家長的悄悄話

仔細觀察，我們不難發現，生活中有這麼一些孩子，他們總認為自己什麼都是對的，要求別人要聽自己的，固執己見，愛出風頭，所以缺乏人緣，顯得非常孤獨。對於這種情況，家長們一方面不忍心責備孩子；另一方面又為孩子的處境苦惱，

擔心因此影響到孩子的心理健康與今後的發展。其實，孩子之所以這樣，一方面是他們的心智還沒成熟，不懂得體諒、理解、謙讓別人的緣故；另一方面則是家庭教育造成的。反思我們的家庭教育，我們不難看到這樣的現象：

- 很多孩子在家庭中處於「特殊」的中心地帶，家中又缺乏能夠與之分享物質和情感的兄弟姐妹，加上現在的家長都把自己的孩子視為掌上明珠，飯來張口，衣來伸手，整天被愛包圍著，唯恐自己對孩子照顧不周。

- 家長事事順從，滿足孩子所有的需求，孩子在家裡時，有什麼好吃的、好玩的都給自己，從來不會想到長輩，因此加強了他「自我為中心」的意識。

- 孩子與同齡人接觸少，沒能很好地與夥伴進行平等交流，失去了在交流時所產生的各種情緒體驗。因為缺乏體驗，所以不知道「自我為中心」的危害，更沒有認知到自己的這種做法要遭到他人的反感。

　　總之，孩子以自我為中心與家長的教育有關，這樣的例子不勝枚舉。明白了孩子以自我為中心產生的原因後，家長才能更好地對症下藥，幫助孩子糾正不良的行為與為人處世的習慣，從而變得善解人意，擁有良好的人際關係。

## 要改變孩子以自我為中心的狀況，以下的做法供家長參考

- 家長必須端正態度，改變錯誤、傳統的教養方法。改變家庭中以孩子為中心的現狀，培養孩子尊重他人的情感。讓孩子明白，並非自己都是對的，也並不一定是別人都要順從自己的意願。這樣，孩子所承受的心理上的挫折感與失落感就會減少一些。

- 創造機會讓孩子參與同齡人交流。要想讓孩子變得不再以自我為中心，最關鍵的就是讓他親身體驗到別人的處境，知道別人的感受。我們常常會因為不了解別人而冒犯他，也會被別人「冒犯」、「誤解」。這個時候，如果交流的雙方能夠體諒到對方的心情，能夠以寬容、諒解的態度來處理彼此間的關係，就會減少許多衝突，達到和別人友好相處的目的。

- 教孩子學會與他人分享。讓孩子把自己的玩具拿出去與其他小朋友一起玩；好吃的東西不但要自己吃，還應該主動拿給其他人吃。當孩子願意分享的時候，家長要及時表揚孩子的每一點進步。

- 學會從他人的角度考慮問題。如果能讓孩子學會深入體察對方的內心世界，學會理解與寬容，就能讓他掌握與別人

和睦相處的一種方法。這種理解與寬容不僅是一項做人的美德，也是在社會上生存與發展的一項不可或缺的能力。

此外，家長還可以經常講一些積極向上的人際交流故事，讓孩子從故事中明白體貼他人、不以自我為中心的好處，讓孩子從故事中汲取營養，從而改善自己的交際行為，讓自己變得更有人緣。

總之，自我中心的克服在於讓孩子明白自己與別人不完全相同，而且自己的觀點並不是唯一的可行觀點。從這一點出發，才能讓孩子明白為什麼不能以自我為中心的道理。

我們知道，克服自我中心的關鍵是促進兒童與別人交流、互動，讓兒童了解別人、了解外界。這會是一個漫長、艱難的過程，但只要家長有耐心和信心，堅持訓練，兒童會逐漸不再以自我為中心來看待問題，會開始學會合作、協調、適應，最後徹底克服自我中心。

## 親子加油站

家長應該了解到，孩子在成長過程中會表現出以自我為中心、不理解別人、頤指氣使的行為特點，是與孩子缺乏正確的引導有關係的。因缺乏認知，導致孩子行為上的偏頗，這一點是可以理解的。

如果家長能循循善誘，讓孩子設身處地，體驗別人的感受，意識到自己的行為會給別人帶來怎樣的傷害，孩子可能慢慢地就改掉了以自我為中心的壞毛病。

鼓勵孩子做有愛心的事情，如幫助同學、養小動物等，同樣也能糾正孩子的行為偏差。

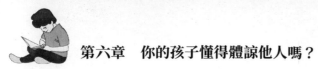

# 第六章　你的孩子懂得體諒他人嗎？

# 第七章
# 讚美是一種最好的禮節

在日常交流中，人人需要讚美，人人也喜歡被讚美。喜歡聽讚美的話是人的一種天性，是一種正常的心理需求。讚美能使人寬慰，讓人快樂，更能融洽人與人之間的關係。

教孩子從小學會讚美，不但能培養孩子欣賞美的眼睛，更重要的是，能培養孩子關懷、安慰人的能力。懂得讚美的孩子不但能贏得良好的人際，還能擁有豐富的情感與美好的內心世界。

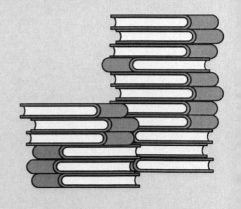

# 「嘴甜」的孩子最好命

渴求他人的注意，並希望他人感到自己的重要性，這是人性的一大特徵。因此，要滿足他人的這種願望，就應該讓孩子學會真誠地讚揚他人。

讚美，就是用語言表達對人或事物優點的喜愛之意。讚美不是虛偽，不是恭維，是發自內心對他人的欣賞與鼓勵。真誠的讚美，常常會在最恰當的時刻發揮最好的效果。不適當的讚美，卻會讓人覺得言不由衷，從而產生憎惡的感覺。所以，懂得讚美的分寸，才能讓讚美變得更加有魅力。

讚美別人是處理人際關係的一種策略，也是良好心理素養的表現。在人和人的交流中，適當地讚美對方，總是能夠創造出一種熱情友好、積極懇切的交流氣氛。這是因為，贏得別人對自己的贊許，是人類一種本能的需求，人們正是在別人的讚美聲中意識到自己存在的價值。其次，讚美能促使對方形成良好的行為規範，有利於相互交流往積極肯定的方向發展。

適當的讚美不僅能使人的自尊心、榮譽感得到滿足，更能讓人感到愉悅和鼓舞，從而會對讚美者產生親切感，相互間的交際氛圍也會大大改善。特別是當交際雙方在認知上、立場上有分歧時，適當的讚美會發生神奇的力量。不僅能化解矛盾，克服差異，更能促進理解，加速溝通。所以，善交際者也大多善於讚美。

　　真誠的讚美和鼓勵，就是對他人價值的最好承認和重視，能讓人的心靈需求得到滿足，有助於增強這個人的自尊心和自信心，給他以勇氣，激發其潛力。得到讚美的人會因此表現得更加卓越，從而有效地提高自己的效率。如孩子因為聽到同學的讚美，變得更加自信、飽滿、富有鬥志。因為家長的讚美，孩子能表現得更加乖巧、懂事、善解人意。因為老師的讚美，孩子能更好地完成課業任務，取得優異的成績。因為聽到上司的讚美，工作就會更加積極、主動，從而把工作做得更加完美。

　　打動人的最好方式就是真誠的欣賞和善意的贊許。嘴甜的孩子最好命。從小就懂得讚美他人的孩子，不但能贏得他人的喜愛，還能得到善意的回報，由此獲得更多發展的空間與成功的機遇。

　　讓我們努力把孩子培養成一個懂得讚美他人，且能得到他人讚美的人吧！只要我們的孩子懂得在生活中留心觀察，真誠讚美，虛心學習他人的長處，就能收穫友誼、收穫自信，快樂、幸福地成長！一個善於把讚美獻給他人的孩子，一定是一個時刻快樂、幸福的人。

**小叮嚀**

讓孩子懂得讚美：

1. 讚美是必要的而且有效的。哪怕是同伴取得了一點小小的進步，也不要忘記對他表示讚美和認可。這樣，不僅表示孩子對別人的關心，更能展現出自己的度量，從而獲得同伴的喜愛。
2. 讓孩子明白，讚美的話要說得簡短。如果讚美的話說個不停，就會失去讚美應有的作用。
3. 關鍵時候更需讚美。在同伴處境不妙的時候，讚美更有力量，更能激勵人。同伴能夠從自己的讚美中重新獲得力量和勇氣。

## 從《玫瑰與蒿草》談起

生活當中，自我感覺良好的孩子很多，而真正能夠欣賞到別人的優點，懂得讚美他人的孩子很少。對己寬鬆，對人苛刻，吝於使用讚美的語言是許多人的通病。為了改變孩子的這種現狀，不妨多給孩子講講讚美他人的故事：

有兩個孩子一起走進天使的玫瑰園，他們都希望天使能夠賜予自己一束幸福的玫瑰花。然而，天使卻只送給他倆每人一束綠色的玫瑰枝，兩個孩子都有些失望。

天使把他倆分別叫到自己的面前微笑著說：「孩子，你能跟我描述一下你的那個夥伴嗎？如果你比對方英俊，你將獲得一束幸福的玫瑰花。」

第一個孩子一臉傲慢，他自得地說：「我比他的個子高，眼睛也比他的大。你看他的鼻子還是塌的，我自然比他英俊多了。請天使賜予我一束幸福的玫瑰花吧！」第二個孩子聽了天使的話，轉身端詳了第一個孩子幾眼，然後誠懇地說：「他的個子高高的，眼睛大大的，鼻子也挺挺的，真好看。天使只有一束幸福的玫瑰花，就請賜給他吧！」

結果，第二個孩子手中的綠色玫瑰枝，竟然綻開了芳香的花朵，而第一個孩子手中的玫瑰枝，竟然變成了一束枯萎的蒿草。

孩子，能夠欣賞到自己的優點固然是好的，但一個只看到自己的優點，看不到他人優點的孩子必然會給他人留下傲慢、無理、自以為是的印象。這對自己、對他人都是不好的。學會欣賞，學會讚美，將讓我們終身都受益無窮！

## 備選故事任你挑

讚美是發自內心真誠的語言，並非虛情假意，也並非言不由衷。讚美的目的，是讓別人了解到自己的優點，從而產生精神上的愉悅；此外，讚美別人還能給自己帶來美好的心情。

## 第七章　讚美是一種最好的禮節

### 讚美的力量

學會讚美不僅會給別人留下謙遜、有教養的印象，還能給自己帶來意想不到的收穫，這是《讚美的力量》告訴我們的道理──

韓國某大型公司的一個清潔工，本來是一個被人忽視和看不起的角色，但就是這樣一個人，卻在一天晚上公司保險箱被竊時，與小偷展開了殊死搏鬥，讓公司避免了巨大的損失。這讓大家非常震驚。

事後，記者採訪他，問他為什麼能夠這樣勇敢？

他想了想，然後這麼解釋自己的勇敢：「因為公司的總經理是個非常重視他人的人，每次當他從我身旁經過時，總會不時地讚美我：『你掃的地真乾淨。』這讓我覺得自己快樂極了！能夠為這樣的人做事，是我的榮幸！」

你看，就是這麼一句簡簡單單的話，就使這個員工大受感動，從而願意為公司的利益不惜與小偷展開搏鬥。可見，讚美的力量是多麼強大！如果你同樣也懂得讚美別人，不但能夠給別人帶來快樂和幸福，還能為自己贏得他人的信任與尊重。

### 讚揚

作為一名實習服務生，艾麗在熙熙攘攘的紐約雜貨店忙碌了整整一天，累得筋疲力盡。她的帽子歪向一邊，工作裙上沾滿了點點污漬，雙腳越來越疼，裝滿貨物的托盤在她手中也變

得越來越沉重。這時，艾麗已感覺到疲倦和洩氣：看來她似乎什麼也幹不好。艾麗好不容易為一位顧客開列完一張繁瑣的帳單——這家人有好幾個孩子，他們三番五次地更換霜淇淋的訂單，艾麗都快發火了。

這時候，這一家人的父親一面遞給她小費，一面笑著對她說：「幹得不錯，妳的服務真的太周到了！」

聽了這話，艾麗的疲倦感頓時無影無蹤了。她也回報以微笑，就這麼一句讚美似乎把一切都改變了。

讚美是一種最好的禮節，能夠幫助人們消除疲勞，重新獲得激情和力量，還能夠化解人與人之間的矛盾，讓彼此的關係變得更加和諧！如果你懂得讚美，你一定能夠獲得很好的人緣。

## 淘氣的女兒

安東尼·羅賓有個非常淘氣的女兒，她成天跑上跑下鬧個不停，讓安東尼·羅賓感到非常心煩，為此，他不得不經常責罵她。

有一天，她突然表現得特別好，沒有做一件惹人生氣的事情，家裡人都特別高興。到了晚上，安東尼·羅賓把女兒安頓上床後正要下樓時，突然聽到她低聲的哭泣。他不禁停下腳步，關切地問道：「孩子，妳怎麼啦？」

他的女兒抬起頭來，帶著淚水問爸爸：「爸爸，難道我今天不是一個很乖的女孩嗎？為什麼你們都不表揚我呢？」

## 第七章　讚美是一種最好的禮節

安東尼‧羅賓愣住了，他沒有想到，表揚對於她來說是多麼重要的呀！為了等爸爸媽媽的表揚，小女孩已經忍了一整天了！

安東尼‧羅賓不禁抱住他的女兒，親吻道：「我的小天使，妳今天的表現實在太好了，爸爸為妳驕傲！」

小女孩終於破涕為笑了！

你看，讚美的力量多麼強大呀！

沒有讚美和鼓勵，任何人都會喪失自信。讚美和被讚美，是每個人都需要的，要想得到別人的誇獎，讓我們先學會用熱情洋溢的語言去讚美別人，讓他人獲得美好的享受！只有這樣，我們才能獲得同等的享受！

一些孩子雖心地善良，但總喜歡出言不遜。一不小心就說出一些傷害他人的話來。也許，孩子在說的時候是無意的，但給他人留下的，卻是無法彌補的傷痕，從而使矛盾增加。如果你的孩子同樣不懂得「亂說話」的危害，不妨找個機會讓他聽聽《樵夫和熊》的故事——

　　樵夫救了一隻小熊，母熊非常感謝他。

　　有一天，母熊安排豐盛的晚餐款待了他。

　　第二天早晨，樵夫對母熊說：「妳款待得很好，但我唯一不喜歡的就是妳身上的那股臭味。」

　　母熊聽了很不快樂，但嘴上卻說：「作為補償，你用斧頭砍我吧！」樵夫照他的話做了。

　　許多年以後，樵夫又遇到了母熊，問牠頭上的傷好了沒有。

母熊說：「那次痛了一陣子，傷口癒合後，我就忘了。不過，那次您說的話，我一輩子也忘不了。」

孩子，你對別人的幫助再多也抵不過一句刺傷別人的話。有些時候，語言傷害甚至超過肉體傷害，因為它刺傷的是心，是靈魂。所以，尊重他人，同樣也是在尊重自己！

## 鴨子也需要掌聲

老王是一個不苟言笑的人，平常很吝嗇給人讚美或掌聲。

有一天，在家吃飯時，他發現烤鴨只有一隻腳，心裡很納悶，於是就問他太太為什麼這隻鴨子只有一隻腳？他太太說：「我們家的鴨子都只有一隻腳呀！」

「我不信，所有鴨子都有兩隻腳，為什麼只有我們家的鴨子比較特別？」

「不信，你不會自己到池塘去看？」於是老王跑到池塘去看他的鴨子。由於鴨子正好在睡午覺，因此都縮著一隻腳，只用另一隻腳站立。

這時，老王靈機一動，朝鴨子棲息的方向很用力地鼓掌。「奇跡」發生了：鼓掌的聲音使鴨子紛紛把縮著的那隻腳放了下來。一隻腳的鴨子立刻變成了兩隻腳的鴨子。

老王得意地說：「這不是兩隻腳了嗎？你怎麼騙我說是一隻腳？」

太太笑著說：「要想吃到兩隻腳的鴨子，就給一點掌聲吧！」

很有趣吧！事實上，不僅鴨子需要掌聲，任何人都需要讚美。發自內心、出於真誠地對他人施予稱讚之辭，也能讓你從中獲得應有的回報。

讚美屬於投資小見效大的一種技巧，有了它，別人更願意和我們交流；有了它，家庭生活會更加和諧美滿。讚美，其實只需要一雙發現優點的眼睛和一兩句體貼溫暖的話語。你學會讚美了嗎？

## ▌讚賞式的責備

美國第三十屆總統柯立芝剛上任時，聘了一個女祕書協助他。這個女祕書年輕又漂亮，但是她的工作卻屢屢出問題，不是字打錯了，就是時間記錯了，這給柯立芝的工作帶來了很多麻煩。

有一天，女祕書一進辦公室，柯立芝就誇獎她的衣服很好看，盛讚她的美貌，女祕書受寵若驚，要知道總統可是很少這樣誇獎人的。柯立芝接著說：「相信妳的工作也可以像妳的人一樣，都辦得很漂亮。」

當然，女祕書的公文從那天起就再也沒有出現過什麼錯誤。有個知道來龍去脈的參議員就好奇地問總統：「你的讚美療法很妙，是怎麼想出來的？」

柯立芝笑一笑：「這很簡單，你看理髮師幫客人刮鬍子之前，都會先塗上肥皂水，這樣做的目的就是讓別人不會覺得疼痛，我不過就是用了這個方法而已！」

讚美的妙處在於，你的要求會因為讚美而變得更有效。因為每個人都希望聽到讚賞自己的話。你與其想批評別人，不如先讚美他的優點。

## 給家長的悄悄話

每個孩子都把他人對自己的讚美看做是最高獎勵和榮耀，但對於他人，很多孩子卻吝於說一句讚美的話。很多家長對這個問題不以為然，認為孩子不懂得「客套」是很正常的事情。事實上，這樣的理解是錯誤的。孩子學會讚美，不是讓孩子學會「客套」、「虛偽」，而是讓孩子善於去發現他人「美」的潛質，讓孩子變得更加謙遜、得體。孩子會不會讚美他人，並不是天生的，而是後天養成的。觀察那些吝於讚美的孩子，我們會發現，造成孩子不會讚美的原因是多方面的：

· 有心要讚美，但不懂得該用什麼樣的語言去讚美。這與孩子的閱歷、成長環境、詞彙量有很大關係。一個能言善辯者，一定是一個詞彙量豐富的人，更可能懂得使用讚美的語言！

- 從來沒有接受過類似的教育。只聽父母們告訴他們，要好好讀書、天天向上，要比別人出色，而不是聽父母說：「學會讚美別人吧！這是一種美好的特質！」因此，孩子並沒有讚美他人的意識。

- 自我感覺良好，總高高在上，不可一世。認為他人都不如自己，自己應該得到表揚、讚美，他人就不配得到這些。孩子無法正確認識自己，直接導致他們在人際交流方面陷入困境。他們需要幫助，需要學會欣賞和讚美別人，從而正確認識自己。

- 孩子過不了心理關，覺得讚美是阿諛奉承的表現，覺得自己說這樣的話過於肉麻。

- 生活中，家長總用挑剔的眼光看待孩子，對他們所做的任何事情都有不滿意的地方，動不動就批評、指責。這樣的教育方式也導致孩子對他人產生挑剔的心理。

　　所以，要想讓孩子學會讚美並不難，重要的是大人怎樣去正確引導他們。如果家長教育得當，孩子同樣能夠成長為一個懂得讚美他人、惹人喜愛的人。

## 如何讓孩子變得會讚美

- 讓孩子明白讚美的真正意義。讓孩子明白，讚美是發自內心真誠的語言，並非虛情假意，也並非言不由衷。說真誠的話，怎麼會是阿諛奉承呢？讚美的目的，是讓別人了解到自己的優點，從而產生精神上的愉悅！此外，讚美別人還能為自己帶來美好的心情。

- 培養孩子讚美他人、欣賞同伴的意識，使同伴間透過獨特的情感交流與體驗，傳遞思想、增進友誼，形成一種和諧、友愛、團結向上的群體氛圍，從而增強孩子良好的道德習慣。

- 要教給他們讚美的方法。如怎樣用語言來讚美同伴，怎樣用行為讚美同伴，讓孩子掌握讚美的不同方式。只要孩子掌握了正確的讚美方法，做到讚美有分寸，孩子就能遊刃有餘了。

- 家長言傳身教。在生活中，對孩子多一點讚美，少一點挑剔、批評、指責。孩子受到家長的薰陶，自然而然就學會了讚美他人，關心他人，體會他人的感受。

此外，家長也應善用童書繪本。因為繪本裡有許多故事比喻，還有許多人物角色，足以啟發他們的同情、憐憫與愛心，比講道理更容易培養孩子溫柔關懷的能力。

## ▍家長要注意的原則

· 家長不能總在孩子面前指責、批評他人，數落他人的不是，讓孩子產生負面的心理影響，認為家長表裡不一，表面上教育自己要多讚美他人，但自己卻沒有做到。

· 不要給孩子灌輸「讚美他人不過是取巧、討好」別人的做法，讚美別人就是為了達到自己的某種目的。這會讓孩子變得「偽善、虛假」，對其好的品德養成不利。

· 用正確的方法安慰和讚美孩子。注意讚美的尺度，不是事事表揚，時時誇獎。稱讚不當只會讓孩子產生緊張的情緒，或者因此看不到自己的缺點，無法正確了解自己做的事情，從而承受不了挫折。

### 親子加油站

過分的讚揚會顯得很抽象，孩子聽了，未必能真正理解自己所得到的肯定。所以會出現這種情況，家長剛表揚過孩子後，孩子依然惡作劇不斷。或者，你表揚他，他理都不理。所以，要針對孩子的具體行為進行表揚。注意不要過於誇張，這樣孩子才知道自己怎麼做才能做得更好。

也正因為家長能實事求是、具體地讚美，讓孩子從家長的行為中領悟到讚美的技巧，從而更有效地指導自己的行為。這樣，孩子才能真正變成一個懂得讚美的人。

# 第八章
## 會欣賞的孩子有人緣

　　在 21 世紀的今天，任何一個人的成功都離不開與人合作，而合作關係的基礎，則需要每一個人都有一雙欣賞他人的「眼睛」。因此，我們說：「學會欣賞他人，是關係孩子未來前途的重要品性之一。」懂得欣賞他人的孩子在給別人帶來自信的同時也愉悅了自己。一個善於欣賞別人的孩子，是自信、樂觀，富有吸引力的。

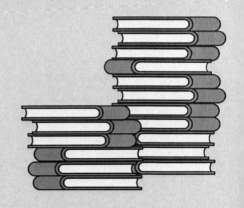

第八章　會欣賞的孩子有人緣

## 懂得欣賞他人的好處

在生活中，每一個人都渴望得到別人的欣賞，同樣，每一個人都應該學會去欣賞別人。欣賞是一種理解，更是一種激勵；它意味著接納、信任和尊重。欣賞別人是一種真誠的讚美。

因為懂得欣賞、尊重、理解、關心他人，所以他人就會更加尊重自己。懂得欣賞的孩子往往更加懂得包容，也更能獲得他人的欣賞。寬容、欣賞和理解是打開心靈大門的一把鑰匙，能喚醒一個人內在的潛質，從而變得更加自信、樂觀，富有激情。

懂得欣賞他人，有利於形成融洽和諧的人際關係。真正的欣賞是真誠和善意的流露，是理解和尊重的展現。這樣的欣賞，給人以溫暖和關懷，有利於激勵人們施展才幹、發揮才智，有利於增進人與人之間的信任和感情。

懂得欣賞他人的孩子可以獲得快樂。人們都會選擇與欣賞自己的人深入交流，這是因為，每個人都有榮譽感，都有渴望獲得肯定的內在動力，遇到一個欣賞自己的人，人們的意識行為都會進入良性循環。孩子之間的交流也是如此，大聲說出對他人的讚賞可以獲得同樣熱烈的回饋，這種「有來有往」的互相欣賞可以使孩子周圍的「情緒環境」變得晴朗。孩子懂得欣賞、讚美他人，也就打開了與他人深入交流的通道。他會更能享受進一步社交的愉悅，周圍也容易環繞著更多友善的朋友。

　　學會欣賞他人還可以消除嫉妒心理。嫉妒心理會讓孩子從負面的角度來看待別人比自己聰明、比自己長得美甚至是比自己家境富裕等事實，進而造成人格扭曲。孩子不應該以弄髒他人的衣裙、毀壞他人的蠟筆和滑板車等方式來發洩自己的妒意。父母應該教會孩子換一種角度來看待自己嫉妒的對象：「她長得漂亮，可她沒有譏笑過別的小朋友的長相。」、「他歌唱得好，而且他還樂於助人。」還要教孩子當面講這些對夥伴的正面評價給對方聽。一旦孩子開口稱讚自己的夥伴，出於嫉妒的心態就會悄然融化。

　　正確地欣賞別人能使平庸變得優秀，使自卑變得自強，使消沉變得進取，使自滿變得謙遜。

　　引導孩子學會讚賞別人的優點與成功，包容別人的缺點與失敗，能讓孩子稚嫩的心靈感受到幸福與甜美。懂得欣賞他人的孩子，往往是公正而善良的，他們都有一雙善於發現「美」的眼睛。

## 小叮嚀

你的孩子懂得欣賞他人嗎？

1. 從生活細節中了解孩子是否總是吹毛求疵，只看到別人的短處，看不到他人的長處。他是不是動不動就說「他不行，我比他好多了」？如果孩子總喜歡揭他人的短，家長應及時糾正。因為一個總喜歡挑剔別人的孩子是不會有朋友的。

2. 從談話中了解孩子能否客觀地評價自己和他人，能否做到既不貶低他人，也不過於抬高自己？這一點對孩子來說，還是有一定的難度的，因為年紀小的孩子可能還沒形成一些正確的是非觀，他們可能無法正確地對他人的言行做出判斷，這時候就需要家長引導。

# 講個《一篇特稿》的故事

在與他人交流的過程中，人們往往會用挑剔的眼光看待別人，於是，看在眼裡的都是別人的短處。讓孩子試著換一個視角看待他人，不但能讓自己的心胸更開闊，還能為他人帶來好處。如果孩子不懂得這個道理，不妨讓孩子聽聽以下的故事——

臺灣作家林清玄去一家羊肉館吃羊肉，見到了老闆，老闆對他說：「你還記得我嗎？」林清玄說：「真對不起，我記不起來了。」

老闆拿來一張 20 年前的舊報紙，指著上面的一篇文章給他看。

原來，那是林清玄在一家報社當記者時寫的一篇關於小偷的報導：小偷手法高超，作案上千次，次次得手，最後栽在一個反扒高手上。他在文章中感嘆道：「像心思如此細密，手法如此靈巧，風格如此獨特的小偷，做任何一件事情都會有成就的吧！」

老闆告訴他：「我就是那個小偷，您寫的那篇特稿，打破了我生活的盲點。看到這篇報導時我想：『為什麼除了做小偷，我沒有想過做正當事呢？』是您的這段話引導我走上了正路。」如今他開了好幾家羊肉館，成了那裡頗有名氣的大老闆。沒想到，20 年前作家無心寫下的這句話，卻成了這個小偷一生的重要轉捩點。從此，他脫胎換骨，重新做人。

連小偷身上也有可欣賞的地方，連小偷也能在欣賞的引導下走上正路，我們周圍還有什麼人不能被欣賞、不能被引導呢？

回頭想想，如果沒有作家當年對小偷的「欣賞」和期盼，恐怕也就不會有他今天的事業和成就。可見，欣賞對人生多麼重要啊！

# 備選故事任你挑

生活中有這麼一些孩子，他們錙銖必較，生怕自己吃虧。別人有一點毛病，他們都要橫加挑剔、指責，甚至故意疏遠、嫌棄。遇到一點點小問題他們就耿耿於懷、悶悶不樂。這樣的孩子無法虛心接受他人的批評和意見，無法容忍他人的缺點和過失，不僅自己活得辛苦，與他們相處的人也不會輕鬆。因此，他們的人際關係相當惡劣，他們的個人發展也受到嚴重阻礙。

## ▎一個壞男孩的故事

19 世紀末，美國西部的密蘇里有一個壞孩子，他偷偷地把石頭扔向鄰居家的窗戶，還把死兔子裝進桶裡放到學校，弄得到處臭氣熏天。

這個男孩 9 歲那年，父親娶了繼母。父親對繼母說：「親愛的，妳要好好注意他，他是這個地區最壞的孩子，可讓我頭疼死了，說不定會在明天早晨以前就向妳扔石頭，或者做出別的什麼壞事，讓妳防不勝防。」

　　繼母聽了他父親的敘述，對這個孩子非常好奇。出於善良的本能，繼母並沒有因為父親的話排斥孩子，反而不斷地去接近這個孩子。

　　當她對孩子有了了解之後，她對這個父親說：「你錯了，他不是這個地區最壞的孩子，而是最聰明的孩子，只是還沒有找到發揮他聰明的地方罷了。」

　　繼母很欣賞這個孩子，在她的引導下，他的聰明找到了發揮的地方，後來成了美國最著名的企業家和思想家，這個人就是卡內基。

　　一個被公認為全地區最壞的孩子最後卻能成為一名優秀的企業家、思想家，這跟他的繼母對他的欣賞是有很大關係的。對於自己來說，會不會欣賞別人是對自身特質的一種檢驗，而對於被欣賞者來說，被他人欣賞是一種引導和激勵。如果你懂得欣賞他人，不但能為自己贏得好心情，還能幫助他人了解自身的價值，這是多麼重要呀！

## ▌母親的「謊言」

　　孩子的母親第一次去參加家長會，幼稚園的老師對她說：「您的兒子有過動症，在板凳上連三分鐘都坐不了，您最好帶他去醫院看一看。」

　　回家的路上，兒子問：「媽媽，老師說了什麼？」母親鼻子一酸，差點流下淚來。因為，全班 30 個小朋友，兒子的表現是

最差的，連老師都表示出不屑。然而，媽媽卻說：「老師表揚了你，說你原來在板凳上坐不了一分鐘，現在能坐三分鐘！其他媽媽都羨慕媽媽，因為全班只有你進步了。」

那天晚上，兒子破天荒地吃了兩碗飯，並且沒讓媽媽餵。

兒子上小學了。在家長會上，老師說：「這次考試，全班 50 名同學，您兒子排第 49 名，我們懷疑他智力上有些問題，您最好帶他去醫院檢查。」

回家的路上，母親流下了眼淚。當母親回到家時，看著眼神黯淡的兒子，卻說：「好兒子！老師對你充滿了信心！他說了，只要你細心些，會超過你的同桌同學，這次你的同桌同學排在前 30 名！」當兒子聽到媽媽的話時，黯淡的眼神一瞬間充滿了神采，沮喪的臉也一下子舒展開來。媽媽甚至發現，兒子溫順得讓媽媽吃驚，他好像長大了許多。

第二天上學，兒子起得比平時都要早。

孩子上初中了，又一次家長會。母親坐在兒子的座位上，等著老師點兒子的名字，因為每次的家長會，兒子的名字總是被點到。然而，這次卻出乎她的意料，直到結束，都沒有聽到。母親臨走時問老師。

老師說：「按照你兒子的成績，考前三志願有點危險。」母親懷著驚喜地心情走出校門。看到在校門口等著的兒子，媽媽跑上前去，拍著兒子的肩膀，心中有一種說不出的甜蜜。媽媽

說：「孩子，你太棒啦！班導師對你非常滿意，他說了，只要你再稍稍努力，很有希望考上前三志願。」

兒子高中畢業了。第一批大學錄取通知書下來了，學校打來了電話。兒子被清華大學錄取了。當兒子把一封印有清華大學的錄取通知書交到媽媽的手裡時，媽媽激動地流下熱淚，因為，在考試時，媽媽還在鼓勵兒子：「相信你能考上清華大學的。」現在，夢想終於成真了。

兒子也激動地流下熱淚。他感激地對母親說：「媽媽！我知道我不是個聰明的孩子，可是，在這個世界上，我卻有一個最欣賞我的媽媽！」

人生的路上，有陽光就會有風雨。當我們學會欣賞身邊的每一個人，我們就會發現身邊的這些人都是這樣的可愛、值得欣賞。所以，請好好地欣賞我們周圍的人吧！因為每一個人都有自己的優點和專長！都需要更多的人用愛的眼光和語言去點亮光芒！欣賞就像冬日裡的陽光，會照亮更多的心靈，使內心溫暖！

## 欣賞

很多孩子對於自己的過錯都能原諒，可對於他人的過錯，卻總是耿耿於懷，無法容忍。這樣的個性對孩子的成長大為不利。如果你的孩子總是喜歡用挑剔的眼光看待他人，不妨給他講講以下這個故事——

## 第八章　會欣賞的孩子有人緣

　　某大集團的日本分部銷售主管，在一次重大的投資中，因為急功近利導致投資失敗。他感到非常愧疚，就寫好辭職報告，準備在公司的董事會上遞交給董事長。

　　在董事會上，他無限歉疚地說：「對不起諸位，這次投資的失敗，我負有主要的責任。我辜負了董事長的期望，因此我必須辭職謝罪。」

　　董事長平靜地說：「你幹得不錯，不必過分自責。」此時，他誤以為董事長在嘲諷他，囁嚅道：「儘管事後我做了全力補救，但是只收回成本的 80％。」

　　董事長真摯地說：「幸虧你處理果斷，才為我們公司保住了這麼多投資，這已經難能可貴了！」

　　董事長沒有准許他辭職，反而仍然對他委以重任。在以後的幾次市場拓展計畫中，他認真吸取了上次的教訓，穩紮穩打，使公司產品迅速占領日本市場，為公司贏得了巨大的利潤。

中國有句古話是這麼說的：「士為知己者死，女為悅己者容。」也就是說一個人如果不誇大他人的過錯，學會包容，學會欣賞，不但能夠因此挽回損失，還可能因此得到他人更多的尊重與信任。這樣，別人為你做任何事情都覺得心甘情願。因為，你有一顆懂得欣賞他人的心。

## 林清玄教子

臺灣著名作家林清玄有一次帶小兒子去逛街，看見賣牛肉麵的師傅一次可燙十幾碗麵，行雲流水的動作宛若舞蹈；賣糖葫蘆的小販眨眼工夫就串好了幾十串山楂，每顆山楂都穿上了透明生脆的「冰糖衣」，像變魔術一般。

於是，兒子對林清玄說：「爸爸不如賣牛肉麵的師傅，爸爸不如賣糖葫蘆的小販。」

林清玄微笑著接受：「爸爸跟他們比下麵條、串糖葫蘆當然是輸家，但爸爸會寫文章呀！爸爸寫的文章是一流的，就像那位師傅做的牛肉麵一樣，會讓別人喝彩。」

孩子，欣賞他人並不等於否認自己、貶抑自己，每個人都有自己的長處和弱點，既能看到自己的弱點和他人的長處，不目中無人；又能看到自己的長處，不妄自菲薄，才會對自身有一個客觀的認知，獲得健康的心境。

## 批判與被批判

同學之間彼此不和，驚動了老師。

一位老師感到班上同學間常有不和的事發生，便在一次上課時發給每人一張紙條，要求全班同學以最快的速度寫出他們所不喜歡的人的姓名。

有些同學在 30 秒之內，僅能夠想出一個；有的同學甚至一個也想不出來，但是另有一些學生卻能一口氣列出 15 個之多。

老師將紙條逐一收上來，然後進行統計分析，結果發現，那些列出不喜歡的人數目最多的，自己也正是最不受眾人所喜歡的；而那些沒有不喜歡的人，或者不喜歡的人很少的同學，也很少有人討厭他。於是，老師得出一個結論：大體而言，他們加諸於別人的批判，正是對他們自身的批判。

　　孩子，當你喜歡一個人時，他很可能會接納甚至也喜歡上你，因為你向他表達了你的喜悅之情；而當你不喜歡某一個人時，他很可能也不會喜歡你，或雖曾喜歡也會漸漸改變，因為你臉上那不耐煩的神情使人退卻。你如何待人，別人也會同樣待你，除非他另有目的。

## 給家長的悄悄話

　　在我們的生活中，不乏這樣的孩子：他們在自己有了成就，有了榮譽時就歡呼雀躍，神采飛揚；看到別人有了成績，有了進步時，不是視而不見、充耳不聞，就是冷言冷語、挖苦、諷刺。

　　兒童心理學研究發現，那些受歡迎的孩子總是「懂得合作、有領導藝術、少攻擊性、會雙向交流」的孩子，其核心的交流理念就是「我行，你也行」，同伴與這樣的孩子在一起，感到開心、受尊重、受鼓舞，並會主動地給以配合。那些過多攻擊性、好爭論、滿足於自我欣賞的孩子則常常遭到同伴拒

絕，而反過來，這些孩子會因為遭到拒絕而表現出更多的破壞行為，如果不加以引導，那麼惡性循環只能使這些孩子的同伴關係更加不良，甚至促使他們形成反社會的人格特質。而造成孩子這種心態的根源還是家庭教育。

- 家長過於重視孩子的智力教育，而忽視了孩子的「做人」教育。生活中，常有這樣的例子，許多家長看到自家的孩子考試考好了，喜笑顏開；考得不好了，怒目相對。這導致孩子無法客觀地評價自己和他人，對於他人的「成績」嗤之以鼻。

- 家長心胸不夠開闊，過於寵溺孩子，孩子有一點點小成績就誇個不停，看到別人家的孩子表現出色，常常做出一副瞧不起的樣子：「我家的孩子也會這樣！」家長對於他人的苛刻導致孩子不懂得欣賞他人，總以為自己很了不起，從而恃才傲物。

- 另一種極端，家長過分追求完美，總對孩子表示不滿。覺得自己的孩子這個不好，那個也不好。孩子長期生活在這樣的環境裡，必然只學會挑剔，而學不會欣賞。

- 孩子的嫉妒心理。出於自尊的需求，許多孩子都有嫉妒他人的心理。從某種意義上說，這很正常，但因嫉妒導致不會欣賞，必然令孩子失去進步的機會，導致平庸。

## 第八章　會欣賞的孩子有人緣

身為家長，首先要意識到「金無足赤，人無完人」，每個人都有自己的長處和短處，讓孩子學會欣賞他人長處，包容他人的短處，能讓孩子變得更加有人緣。

父母可以從以下幾個方面從小培養孩子善於欣賞他人的意識：

- **孩子在挑剔他人的缺點時，父母一定要介入扭轉**：孩子的認知有限，看人識事往往很片面，父母聽到孩子挑剔他人缺點的話語時，一定要介入指導。比如：「那個總是希望領舞領操的小朋友，是不是不怕辛苦，一遍又一遍地在練習？」每個人身上都有自己的優點和缺點。所以，教育孩子去觀察小夥伴的時候，首先要想到對方有哪些優點是自己所不具備的，可以向他學到些什麼，不要老盯著別人的缺點看。

- **嘗試讓孩子說出他自己的缺點**：父母先嘗試著講出自己的缺點，告訴孩子這樣的討論就像一面鏡子，會反映出更真實的自己，但不會招致任何打擊和貶斥。這樣做的目的，能讓孩子更客觀地了解自己和他人。還會使孩子意識到雖然他人有缺點，但還是贏得了友誼，換位思考一下，他的小夥伴有一點點小毛病，就被他「全盤否定」，這是不公平的。

- **嘗試讓孩子說出家人的優點**：欣賞他人首先從欣賞周圍的親人開始。父母應首先檢討自己，在家庭成員的相處過程中是否總喜歡挑剔。如果父母當著孩子的面，對親人橫挑

鼻子豎挑眼，在這樣的耳濡目染之下，孩子也會養成對自己寬容，對他人吹毛求疵的習慣。因此，父母應該以身作則引導孩子，用「放大鏡」審視親人的優點，以寬容、詼諧的心態去看待親人的弱點，強化對彼此的欣賞態度，只有這樣，孩子才會一步一步養成「多多欣賞他人」，並從中獲得樂趣的習慣。

- **讓孩子克服嫉妒的心理**：讓孩子明白嫉妒的心理不可取。嫉妒不但妨礙自己進步，還影響自己的情緒，讓自己變得不快樂。真正聰明的人，會懂得欣賞別人的優點，學習別人的優點，這樣不但能讓孩子取得進步，還因為懂得欣賞，更受他人喜愛。

## ▎家長不能說的

- 「你怎麼這麼笨呢？你看鄰居家的胖胖這次就考得比你好。你到底是怎麼念書的？」於是，孩子就開始狡辯：「他好什麼好？還不都是抄來的。」每個人都有維護自尊的需求，為了維護自己的自尊，孩子不得不用「貶低」別人的方式來抬高自己，這樣的孩子是很難學會欣賞的。正確的做法是，讓孩子分析自己這次成績不理想的原因是什麼，能正確認識自我對孩子來說也是一種進步。

- 「他有什麼好的？你比他更好！」有些家長為了激勵自己的孩子，讓孩子更有自信，於是出此下策，用「他不如你」

來鼓勵孩子。事實上，這樣的話非但無法讓孩子變得有自信，還因此變得更加自卑，他都不如我了，為什麼我還做得這麼差？這個時候，家長應該告訴孩子，他確實不錯，你堅持努力，一定可以跟他一樣的。

・「你怎麼什麼都不行呢？生你這樣的孩子，我也不知道是做了什麼孽了！」這樣的話不但傷了孩子的自尊，還傷了孩子的心。如果孩子因此變得叛逆，責備你：「那你為什麼不去生個什麼都行的孩子呢？」身為家長，你該怎麼回答？

## 親子加油站

1. 讓孩子學會自我欣賞，經常看到自己的優點。讓自己的內在強大起來，逐漸建立起自我評價的機制。那些老要和他人「爭搶」，老在意他人評價的孩子，其實是內在缺乏自我評價，缺乏自我欣賞的表現。
2. 讓孩子學著對他人說欣賞的話，比如：你今天的裙子真漂亮，你今天的演講真出色，你跑得真快……當然，要說真誠的話，說想說的話，而不是刻意的恭維。
3. 讓孩子懂得感謝他人對自己的配合或者幫助。要讓孩子知道，在一個群體中，如果有人同意他的意見，或者配合他一定要表示感謝。要懂得：並非他人不行，而是他人能夠「顧全大局」。

# 第九章
## 懂得分享才會幸福

　　在現代家庭中，很多孩子都是家裡的獨生子女，他們是家中的「小太陽」，要什麼有什麼，索取似乎是理所當然的。對這些孩子來說，教會他們學會「分享」和「付出」非常重要。

　　學會分享，可以讓他們懂得與人和諧相處，學會愛別人，從而更懂得融入社會。不懂分享的孩子往往獨占欲強，他們不懂得考慮別人的需求和想法，長大後容易形成明顯的性格缺陷，甚至無法與人正常交流。

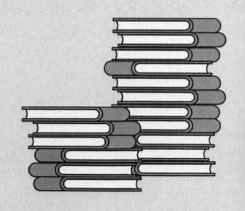

## 小氣的孩子沒人理

　　我們發現，在現實生活中，最受歡迎的孩子往往不是最漂亮的，也不是最能說會講的，而是有好東西能夠想到朋友、和朋友分享的孩子，也就是表現比較「大方」的孩子。因為孩子們對分享很在意，如果有人對她們以分享的方式示好，那個人將會受到歡迎。如果孩子們從小能夠學會分享，這將是他一生受用不盡的財富。

　　在獨生子女家庭中，很多孩子都表現出唯我獨尊、占有欲強，通俗一點就是「小氣」的特點。這些孩子不會分享，表現為：我的東西別人不能動，我的玩具別人不能玩，好吃的我自己獨自享用等現象。他們不願意為別人設想，受限於「自我為中心」的思考方式，無法顧及到他人的感受，以至於越來越獨，越來越自私。

　　現實生活中，沒有分享意識的孩子並不少見。一旦孩子出現小氣行為後，家長往往不分析原因就分辯：「家裡只有一個孩子，要是有兩三個孩子便知道分享了。」、「長大就好了」。實際上，獨享在孩子小的時候可能不是什麼大毛病，但對孩子的發展卻極為不利。

　　首先，不懂分享影響孩子的人際交流。小氣的孩子更容易孤獨。因為小氣，不願意分享。這些孩子往往陷入被孤立的情境中。他們的身邊鮮有朋友，大家都不願意跟他一起玩，這對

孩子健康人格的塑造有深遠影響。

　　小氣的孩子本能地展現出一些自私、專斷的生活習性。對於接受與索取，他們欣欣然，但對於付出與分享，他們卻頗不以為然。即使表面上分享了，但實際上內心是極不願意的。於是，表現出來的則是不夠爽快、猶豫不決等現象。這樣的孩子讓人感覺缺乏魄力，沒有主見，從而讓人不信任，影響其今後的發展。

　　身為家長，我們應該幫助孩子改掉「小氣」的毛病，及早啟發孩子懂得分享、謙讓、溝通、心裡想著別人，這樣才有可能共用歡樂，互利互惠。也只有這樣，孩子在學校裡、社會上，才能更好地與周圍人相處和合作，才能在當今這個社會資源分享的社會得到更大的發展空間。如果一個孩子從小就不懂得分享，獨斷專行，那麼，就很難形成一種良好的人際關係，更談不上立足於社會。

> **小叮嚀**
>
> 如何發現你的孩子是否會分享？
>
> 1. 在家中的表現。在家庭生活中，有好吃的東西，孩子是否願意分給長輩或者其他人吃？是否有與人共用自己東西的意識？如果孩子暫時尚處在「自我意識」剛剛萌芽的階段，需要讓孩子明白好東西大家一起分享的好處。

2. 在外跟其他小夥伴玩的表現。孩子是否願意分享他們的小玩具？他們介意別人的觸碰嗎？有些孩子因為天生敏感，對自我的東西占有欲強，不但不願意讓別人碰觸自己的玩具，還不允許其他人碰自己。所以，總顯得形單影隻。這樣的情況不容忽視，家長需要及時發現·及時引導。

## 從《小花貓的新房子》談起

在生活中，很多孩子都有這樣的表現：我的東西別人不能動，我的玩具別人不能玩。於是，獨來獨往，成了孤獨的「獨行俠」。如果你的家中也有這麼一個「獨行俠」，不妨讓他們聽聽《小花貓的新房子》這個故事，透過故事讓孩子懂得，不會分享的孩子沒有真正的朋友 ——

小花貓要蓋新房子了，朋友們都來幫忙。

「咳唷！咳喲！」大象到樹林裡，運來一根又一根圓木。

「哧啦！哧啦！」山羊和小花狗把圓木鋸成一樣厚的木板。

「叮噹！叮噹！」小熊和小公雞，一會兒就用木板釘成了一座漂亮的小房子。

汗水溼透了朋友們的衣衫，小花貓真感謝大家。牠說：「等我把房子裝飾好，請大家來做客。」

　　小花貓在牆上貼了一層奶白色壁紙，屋裡亮堂多了；小花貓給玻璃窗掛了一層鵝黃色窗簾，屋裡光線變得真柔和；小花貓在地上鋪了花地毯，呀，走在上面真舒服！

　　好多天過去了，朋友們問小花貓：「小花貓，今天可以到你家做客嗎？」

　　小花貓說：「不行，不行，現在正下雨，你們會把新房了弄髒的。」

　　又過了幾天，朋友們又說：「小花貓，今天不下雨了，可以到你家做客嗎？」

　　小貓說：「不行，不行，你們沒看見天正在颱風，你們來會把新房子弄髒的。」

　　又過了幾天，不下雨，也不颱風，太陽紅紅的，天氣暖暖的，小花貓說：「朋友們，請到我家來做客吧！」

　　朋友們高興極了，可是，大象想了想，卻對朋友們說：「小花貓家鋪了地毯，我們帶著乾淨鞋子去吧！」

　　於是，有的夾著新鞋，有的包著剛刷過的乾淨鞋，笑嘻嘻地向小花貓家走去。

　　到了小貓家門口，大家都換上了自己帶來的乾淨鞋，剛要進門，小花貓卻端來一盆水說：「穿鞋會踩壞地毯的。大家脫了鞋，洗洗腳再進去吧！」

　　大象和小熊看看自己的腳，又看看那個小臉盆，搖了搖頭：「算了，我們不進去了！」

　　小山羊、小花狗、小公雞見大象和小熊走了，說：「我們也不進去了！」

從此，誰也再沒到小花貓家做過客，誰也不願再找小花貓玩，每天和小花貓做伴的，只有牠的那座新房子。

故事中的小花貓給你留下什麼印象了？為什麼再沒有人到小花貓家找小花貓一起玩呢？

聰明的孩子一聽這個故事就能明白過來，原來動物朋友們不再找小花貓的原因是因為小花貓太小氣了，做事情不乾脆，不喜歡分享自己的好東西。只有善於分享的人，才能獲得朋友的青睞。

## 備選故事任你挑

善於分享的孩子才有可能共享歡樂，互利互惠。也只有這樣，孩子在學校裡、社會上，才能更好地與周圍人相處和合作，才能在當今這個社會資源分享的社會得到更大的發展空間。如果一個孩子從小就不懂得分享，獨斷專行，那麼，就很難形成一種良好的人際關係，更談不上立足於社會。

### ▎流浪漢和鎮長

自私或者占有並不一定就快樂！真正的快樂是建立在與人分享的基礎上的《流浪漢和鎮長》的故事要告訴孩子的就是這個道理 ——

石油大王洛克斐勒年輕的時候是個一無所有的流浪漢。

有一次，他流浪到一個偏僻的小鎮上，受到鎮長傑克遜的熱情款待。這時，正好是下雨的季節，鎮長門前的小路變得泥濘不堪，過往的人們為了省事，便紛紛從鎮長的花圃上通過。看到美麗的花兒被踩得東倒西歪，流浪漢替鎮長生氣。便冒雨守護在花圃邊，監督行人從泥濘的小路上通過。

這時，鎮長挑著一筐煤渣從遠處走來，他將煤渣鋪在泥濘的土路上，用腳踩實了，讓行人們通過。由於門前已經鋪滿煤渣不再泥濘了，人們就能直接從路上經過，不必再踩花圃了。

流浪漢看著這一幕非常震驚。鎮長只是微微一笑，意味深長地對流浪漢說：「看到了吧？關照別人，其實就是在關照自己！」

流浪漢洛克斐勒恍然大悟，他牢牢記住老鎮長的話，關照別人其實就是關照自己！這句話給他以後的事業提供了非常大的幫助！後來，他從一無所有的流浪漢變成一位世界聞名的石油大王！分享是幸福的，而關照是彼此的。就像那位老鎮長所說的「關照別人其實就是關照自己！」孩子，讓我們學會分享，學會關照他人吧，只有如此，人們在你需要關照的時候才能想到你。因為你的友善，一直銘記在他們的心底。而被他人記住，又是一件多麼幸福的事！

## ▎優質瓜種

　　一位瓜農費盡心思，找來一些優質西瓜種子種下去。鄰居們知道以後，紛紛前來打聽種子的來源。這位瓜農擔心大家都種出優質的西瓜，自己有了競爭對手，於是就拒絕告訴大家。

　　鄰居們只好種上以前的種子。

　　到了夏天，這位瓜農本以為自己會有大豐收，結果卻發現自己收穫的仍然是劣質西瓜。為此，這個瓜農感到非常困惑，就去請教專家。

　　專家說：「因為你的西瓜受的仍是鄰居劣質西瓜的粉，所以就只能結出劣質的西瓜。」

　　瓜農為此懊悔不已。

　　鄰居們聽說這種情況，都嘲笑這個瓜農，認為正是他的自私才最終害了自己。

　　到了第二年，瓜農不等鄰居們提問，就主動告訴鄰居們優質西瓜種子的來源，後來，據說大家都吃上了又香又甜的大西瓜。

　　一個自私、害怕別人比自己強，所以吝於分享的人，往往體會不到成功的樂趣。就像故事中的瓜農一樣，因為不懂得分享優質的種子，他最終同樣成了劣質種子的受害者。這樣的行為不會對自己有利。所以我們說，善待他人，才能被他人善待！好人是會有好報的！

## 狐狸請客

有一天，狐狸送了一張邀請卡給鶴：「晚上請來舍下用餐。」

「哇！真罕見！狐狸先生會準備什麼酒菜請我呢？」鶴很高興地前去狐狸的家。

「呀！鶴先生，歡迎！歡迎！請不用客氣！」狐狸取出的酒菜只是放在大平盤裡的湯而已。

「我最喜歡喝湯啦！謝謝你呀！」

鶴很想喝湯，可是，因為自己長著一個長嘴巴，所以費了好大的勁，也只能聞到味道而已，盤內的湯，一滴也喝不到。可是狐狸卻稀哩嘩啦地一下子就把湯喝完了，而且嗤嗤地笑著，覺得很有趣。

「真不夠意思，你在捉弄我！」鶴恨恨地回家去了。

不久，鶴也送邀請卡給狐狸：「晚上請客，請你一定要來喔！」

狐狸是個貪吃鬼：「是什麼樣的食物呢？」狐狸暗暗地想著。連不久以前的事，狐狸也忘得一千二淨，高高興興地到了鶴的家。

「狐狸先生，歡迎！歡迎！別客氣，儘管用吧！」

鶴拿出的東西都是什麼呢？原來是裝在細頸水瓶裡的湯啊！

「謝謝！」狐狸將嘴伸進水瓶裡，但是怎麼吃也吃不到一口

湯，只能聞到鮮美的味道；鶴則將長嘴巴輕輕鬆鬆地伸進瓶底津津有味地吃著。

　　狐狸肚子餓壞了，眼前的美食卻一口也吃不到，只好氣鼓鼓的回家了。

　　真正的分享是真誠的，發自內心的。如果並無分享的本意，卻做出慷慨的樣子，比不去分享還要糟糕百倍。而只有真心去做了，才能獲得意想不到的收穫！

## 孤獨的羚羊

　　動物王國裡有一座山峰，高聳入雲，非常險峻。動物們都想爬上這座高峰，一覽眾山小。可是許許多多的攀登者都以失敗告終。有一隻堅強的羚羊下定決心要爬上這座山峰。

　　牠歷盡了千辛萬苦，終於登上了最高峰。站在高高的山峰上。這隻羚羊欣賞著雲峰、霧海、綿延起伏大大的山峰，牠覺得自豪極了。啊！牠是第一個登上高峰的動物呀！這一紀錄將永遠載入動物史冊。

　　突然，羚羊想到：「如果再有別的動物爬上這座高峰，然後出現第二個、第三個……我的地位不就要受到威脅嗎？」想到這裡，羚羊毅然用自己尖銳的角把剛才攀山時的墊腳石全挑下了懸崖，使四周變得光禿禿的。看到動物們再也爬不上來了，羚羊得意地笑了：「哈哈。我將永遠是天下第一！」

　　從此，如羚羊所希望的，再也沒有別的動物攀上這座高峰了。當然，這隻第一個攀上山峰的羚羊也只能一輩子待在孤峰上，再也沒有下來了。牠從此再也聽不到朋友們的歡聲笑語，感受不到動物間的溫暖和友愛。

　　自私、不懂得分享樂趣的人是可怕的。最終，他們只能像那隻孤獨的羚羊一樣，一輩子站在高高的山頭上被人群孤立。如果我們希望幸福，渴望友情，那麼就應該真誠地分享自己的成功！

## 給家長的悄悄話

　　兒童心理學家研究指出，「小氣」的兒童，除了具有「食物不肯給別人吃」、「玩具與學習用具等物品不願借別人用」的最直接特點外，還具有如下主要特徵：做事斤斤計較，愛講條件；自我犧牲與奉獻精神較差；自私自利；思想比較保守，缺乏同情心；適應能力較差；心胸狹窄，嫉妒心強；做事比較猶豫、多疑，缺乏果斷性。孩子在交流中不懂得分享的背後究竟有什麼樣的心理因素呢？專家分析如下：

- 以自我為中心的心理特徵造成。小氣是孩子發展過程中的自然現象，是自我意識的本能展現。孩子對心目中一切對象常理解為是「我」的，從未感受到別人的需求。如「我的小床」、「我的玩具」、「我的……」這是符合這個年齡孩子特徵的正常表現。

- 父母自身行為的影響。如：鄰居來借物品，父母怕東西被弄壞而表現出的故意搪塞，無意中成了孩子的反面教材。

- 父母及家人過於溺愛孩子，無謂犧牲。如：好吃的菜先讓孩子吃，好的水果先讓孩子挑……使孩子養成了獨食、獨玩等不良行為習慣。

- 孩子缺乏社交，沒有機會體驗到與人分享的快樂。或者是同伴交流時，孩子看中了同伴的玩具卻遭對方拒絕，因此當別的小朋友向自己提出借玩具時也表現出小氣行為，父母見後卻不置可否，甚至給予一些口頭上的鼓勵，這樣，孩子的小氣行為便愈加嚴重。

- 孩子將自己的玩具借給小同伴，或將自己的食品分給同伴後，得到的是家長的訓斥，這會造成有意識地培養了孩子小氣的行為。

- 缺乏安全感或愛的需求不滿足：如父母的一方很少接觸孩子或長期不在家等因素，會造成孩子過度占有自己或別人的東西來填補，還有一些孩子則是用偷竊、說謊等行為來表現。

知道以上這些原因之後，只要對症下藥，調整教育的方式和態度，一步一步協助孩子調適，必能取得良好的效果。

## 家長糾正孩子小氣、不會分享的毛病應採取的方式

### 家長應該幫助孩子建立安全感

在物質比較豐裕的今天，這點不難辦到。因自我為中心的前提是匱乏，所以你給了他滿足，他在獲得安全感後，自私的想法就會淡化。比如如果他只有一顆糖果，他當然不會喜歡把糖分給別人；但是如果他有很多的糖果，他就會留出自己的部分，樂意讓別人去分享剩下的部分。當他體驗到分享的快樂時，逐步減少他自己的分量甚至完全共享是完全可以做到的。張媽媽經常在放學接兒子的時候，帶給兒子很多小吃，要他分給小朋友們。剛開始兒子不肯，媽媽告訴他家裡還有很多很多，他才放心了。看到朋友們拿到東西的喜悅，孩子慢慢開始變得熱心了，後來才主動分給每個小朋友。

### 家長對孩子應該加以積極正確的教育和誘導，樹立孩子正確的物質觀念

讓孩子學會與朋友分享一些東西，嘗試一下「給予」所帶來的快樂。告訴孩子，吃珍貴東西的時候，要把它分成三份：一份留給自己吃，一份留給爸爸，一分留給媽媽，等爸爸媽媽回家就拿出來給爸爸媽媽吃，不要一個人獨自偷著吃。如果家裡還有爺爺奶奶和外公外婆，那麼要把好吃的東西分成同等的幾份，讓每人都有一份。

## 第九章　懂得分享才會幸福

### 透過換位思考，引導孩子與他人分享

　　從孩子懂事開始，家長就要讓孩子學著與別人分享東西。比如：在飯桌上，家長可以讓孩子學著給長輩夾菜，鼓勵孩子給爸爸媽媽拿東西，教孩子給客人讓座……讓孩子做這些力所能及的事，從中品味做有益於他人的事而帶來的喜悅。

　　有位母親是這樣教育孩子與人分享的：

　　週末，媽媽帶小小去公園遊玩。小小又累又渴，要求坐在路邊的凳子上喝點東西。

　　媽媽拿出了一袋餅乾和牛奶，這時，媽媽看見一個小女孩也坐在旁邊，正看著小小吃餅乾。媽媽知道小女孩也餓了，也許和她一起來的大人去給她買吃的東西了。

　　媽媽對小小說：「兒子，給小妹妹吃點餅乾，好嗎？」

　　「不，我要自己吃！」小小顯然有點不樂意了。

　　媽媽耐心地引導小小：「寶貝，如果媽媽有事不在這兒，這位小妹妹有餅乾吃，你想不想吃呢？」

　　「想吃。」小小幾乎是毫不猶豫地回答。

　　「這就對了，現在你拿一些餅乾給小妹妹吃，下次媽媽不在你身邊的時候，小妹妹也會把好吃的東西分給你吃的。」

　　小小看了看媽媽，又看了看小妹妹，終於把自己的餅乾送到了小妹妹的跟前。

　　大多數孩子不願意把自己的東西分給別人，但他卻希望能

夠分享到他人的東西。家長應該充分了解孩子希望獲得他人東西的心理特徵，透過換位思考，讓孩子站在他人的角度去思考問題，引導孩子與他人分享自己的東西。

## 家長可以讓孩子多結識大方的同齡朋友

大人有大人的世界，孩子有孩子的世界。與其說大人的榜樣是很重要的，那麼同齡人的帶領就會更加切實可行，孩子會下意識地向同齡人學習和比較。如果孩子身邊的朋友大都是大方不計較的好孩子，那麼自己的孩子也不會太差。環境是很重要的因素！

## 讓孩子之間互通有無

有一個媽媽為了讓孩子學會分享，是這麼做的：

只要買了孩子喜歡的玩具、畫片或者圖書，這位家長都鼓勵孩子帶到學校去，並且鼓勵他與其他孩子交換自己的玩具、畫片或者圖書。媽媽教育她的孩子說：「只要你把自己喜歡的玩具借給別人玩，那麼，別人也會把好玩的玩具送給你玩，這樣你們都會有很多好玩的玩具可以玩，也有很多的圖書和畫片可以看。」

慢慢地，這個孩子嘗到了分享的甜頭，以後，不用媽媽提醒，他都會把新買的玩具帶到學校，跟其他小朋友分享。

### 別讓孩子玩「假分享」的遊戲

在生活中你是否經常見到這樣的一幕：

小寶貝正吃著自己最喜歡的東西，奶奶假意試探說：「乖乖，給奶奶吃點。」小寶貝乖巧地跑到奶奶跟前，拿著餅乾往奶奶嘴裡送，奶奶假裝咬了一口，說：「「乖乖真乖，奶奶不吃，你吃吧！」孩子一看，自己的東西不但沒有被奶奶吃掉，還得到表揚，心裡喜滋滋。接下來，為了測試孩子是否真的「大方」，爺爺、姑姑、爸爸、媽媽都會如此訓練一般。而孩子每次都很大方地配合大人們的「表揚」。他料定，大人是不會真吃自己東西的。

因為知道獨享是自己的專權，孩子從小就不懂得有東西應該跟大人一起分享，從小就有了自私的觀念，這對孩子的成長是不利的。因此，要想培養孩子的分享意識，家長請不要跟孩子玩「假吃真表揚」的遊戲。

### ▎家長的育子原則

· 家長在以身作則時，要拿捏適當，不可以對別人的孩子很大方，對自己的孩子很苛刻，這樣的身教是有問題的，會導致孩子叛逆的心理。

· 父母不能強迫孩子「分享」。經常有家長強行把孩子手中的玩具拿給其他小朋友玩，結果使孩子傷心、家長尷尬。

家長要意識到孩子有自己的想法，不能強迫，只能提醒他們和小朋友一起玩，或提議交換玩具，讓他們自願接受「分享」，否則，孩子不但無法體會到分享的快樂，反而敵視「分享」。

- 孩子天性好奇，看到別人手中的玩具，就想摸一摸。這時候，家長要抓住這個教孩子學習「分享」的好時機。告訴孩子：「在拿別人的東西前，必須徵得主人的同意，得到允許後，就可以一起玩了。」也可以建議他們拿出自己的玩具和別人交換，等玩過之後，再換回各自的玩具。這樣，孩子才能體會到分享是互相的。

- 當孩子小氣時，媽媽不能責備，要抓住時機表揚和鼓勵孩子值得讚揚的行為。比如：如果孩子一旦把自己好吃的東西與別的小朋友分享時，媽媽一定要及時鼓勵和表揚孩子的行為，也可以給予適當的獎勵，獎賞孩子一個吻、一個擁抱或者一朵小紅花，讓孩子知道並記住與人分享的快樂。

- 當孩子小氣時，不要當眾批評孩子。因為孩子也是有自尊心的，媽媽在孩子小氣時，當著眾人的面責備他、否認他，只會讓孩子把自己的東西抱得更緊、更小氣，媽媽的責備只會適得其反。

## 親子加油站

教孩子學會分享，還應該根據孩子的年齡而定。大小孩子的教養技巧是不同的。

對於較小的孩子，若要培育懂得分享的孩子，除了父母適當的以身作則之外，還要適當的處理幼兒期的任性行為，滿足孩子對安全感和被愛、被肯定的需求。

對於大一點的孩子，要積極的建立同理心，也可透過小孩子之間的成長活動和適當的團體活動、公益活動，來增進孩子學習人際相處的機會和互助分享的技巧，改善孩子過度自私、自我的行為，培養「懂得分享」的孩子。

# 第十章
# 幫助別人等於累積財富

一個冷漠、自私，不願意關心、幫助他人的孩子，最終只能成為一個孤獨、不受歡迎的人。在他長大成人後，因為兒時的積習，常常會游離在社會之外，被人群所遺棄。只有從小培養孩子一顆關愛他人、樂於助人的心，他們長大以後，才可能成為一個富有責任感、受人尊重的人。

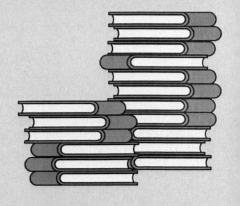

## 幫助他人，快樂自己

生活在社會這個大家庭中，每個人都不可避免地要遭遇到一些困難。在他人遇到困難的時候，人們如果都能夠主動伸出援助之手，大家互助互愛，我們的生活就會變得更加美好，我們這個大家庭也會更加和睦！反之，如果社會中的每一個人都自私自利，唯利是圖，那麼我們看到的只能是冷漠與利益衝突。所以說，世界是公平的，你播種什麼能會收穫什麼，你給予什麼就能得到什麼。

培養孩子助人的精神，讓孩子的生活如虎添翼。人與人之間互相幫助可以調動他人與自我之間所有的資源和才智，並且會自動驅除所有不和諧和不公正現象，同時會給予那些誠心、大公無私的奉獻者適當的回報。不懂得互助的結果則是相反的，因為不懂得幫助別人，這些孩子最終會被這個社會淘汰。

培養孩子的助人精神，能讓孩子變得更加快樂。懂得幫助別人的孩子容易贏得友情。在朋友圈子中，因為懂得關心他人，幫助他人，孩子更容易贏得他人的尊重和信賴，也因此獲得了快樂的心境和開朗樂觀的性格。這些孩子在自己遇到困難的時候，同樣會獲得其他孩子的幫助，從而順利度過難關。相反地，那些不愛幫助他人，凡事首先考慮到自己的孩子，往往會被同學排斥，成為一個沒有朋友的「獨行俠」，他們獨來獨往，長期陷入焦急與憂慮的狀態中，鬱鬱寡歡。這樣的處境與

心理對孩子的成長乃至一生而言，都是非常不利的。

正因為幫助他人是一件非常愉快的事情，所以我們應該讓孩子把助人為樂這種美德發揚下去。為此，家長要培養孩子幫助別人的好習慣，教育孩子，幫助別人其實就是在幫助自己。關心他人，竭盡全力去幫助別人，會使人變得慷慨；關心別人的痛苦和不幸，設法去幫助別人減輕或消除痛苦和不幸，會使人變得高尚；時常為他人著想，會豐富自己的生活，增加自己的涵養。

我們給予他人的幫助就像一個接力棒，你傳遞給他人，他人傳遞給另外一個人，這樣快樂就會傳遞到更多人那裡。我們生活在社會這個大家族裡，我們就能接觸很多需要幫助、需要關愛的人。我們遇到難題都希望得到他人的幫助，我們幫助他人的同時，也是幫助自己。

---

### 小叮嚀

你的孩子是個善良、樂於幫助別人的孩子嗎？

1. 對於貧弱的人，孩子通常抱以什麼樣的態度？是鄙視、看不起？還是充滿了同情？如果你的孩子從小就有歧視意識，你需要好好教育，讓孩子明白，其實人生來是平等的，尊重別人，給予他人幫助是一種美德。

2. 當家裡的大人需要幫忙的時候，孩子是積極主動幫助還是依然看自己的電視，玩自己的

玩具袖手旁觀呢？如果你的孩子已經懂得幫助你，說明孩子已經有助人、體貼的心了。

3. 與小朋友一起玩的時候，孩子是冷漠、自我的還是樂觀、富有愛心的呢？在別人摔倒的時候，他們懂得安慰和幫助嗎？如果孩子暫時還手足無措，不懂得如何下手，你應該幫助孩子，讓孩子明白如何去關心和幫助別人。

## 講個《燕子讓窩》的故事

孩子並非天生就懂得幫助別人，他們的助人意識需要大人培養。要想讓孩子從小有助人意識，家長應該讓他們體驗到幫助他人的樂趣。比如：《燕子讓窩》要告訴孩子的正是這樣一個故事——

「秋風吹，天氣涼。沒有房，凍得慌。」昆蟲歌唱家小蟋蟀在進農民伯伯的房子之前，唱著歌對小麻雀說：「小麻雀，快找房，把身藏。冬天到，心不慌。」

小麻雀聽到了，就說：「謝謝你，小蟋蟀！可我去哪兒找房子啊？」

小蟋蟀伸出小手一指：「你看那屋簷下——」

「啊——那是燕子的窩啊！」小麻雀看見了，就說，「我不能占牠們的房子啊！」

小蟋蟀笑了：「燕子已經回南方了，你又不會做窩，這窩閒著也是閒著，你就住進去吧！」

正說著，一股冷風吹來，吹得小麻雀渾身直哆嗦。小蟋蟀連忙催小麻雀：「要變天了，你快住進去吧！我也該進屋裡了。」

「那好吧！」小麻雀一邊向燕子的窩飛去，一邊對小蟋蟀說。「等明年春天燕子回來時，我再好好地感謝牠們。」

第二年春天來了，地上的蒲公英開出了黃黃的花兒。小蟋蟀從屋裡一蹦一跳地來到了院子裡，牠突然想起了小麻雀，就抬起頭來，把兩隻小手合成小喇叭筒形喊道：「小麻雀，小麻雀，你這個冬天過得好嗎？」

正在午睡的小麻雀聽見了小蟋蟀的叫聲，連忙從窩裡鑽出來，飛落到地上對小蟋蟀說：「見到你真高興，多虧你的指點，我在燕子的窩裡暖暖和和地度過了一冬。燕子的窩做得真好，裡面很寬敞，『門』很小，寒風也鑽不進去。你在農民伯伯的屋裡，也一定很暖和吧？」

小蟋蟀笑著回答：「是啊，農民伯伯在天很冷的時候多燒些柴火，炕熱，屋子裡也很熱。我有時候就為他們唱唱歌，他們可高興了。」

牠們正說著話，燕子飛回來了。小麻雀馬上對燕子說：「非常感謝你們！在你們的窩裡，我住了一個冬天，現在該還給你們了。」

燕子連忙搖頭，說：「謝什麼啊，要不冬天也是閒著。你把窩還給我們，那你住哪兒啊？」

「天氣暖和了，我在哪兒都行。」小麻雀回答。

「我知道你不會做窩。」燕子說，「這個我就送給你吧！我們會壘窩，再壘一個不就行了？」

小麻雀搖搖頭：「那怎麼行啊？你們壘窩是很辛苦的，我怎麼好意思占你的窩呢？」

燕子笑著說：「這有什麼不好意思的啊？我們壘窩，就像一種鍛練，不是什麼太辛苦的事啊。何況，我們是朋友，應該互相幫助的。」

小蟋蟀聽了燕子的話，感動地說：「燕子，你真好！小麻雀，你也別推辭了。這樣吧，我不會飛，我在地上和泥……」

小麻雀急忙接話：「我也和你一起和泥，再向燕子學壘窩。」

「好，人多力量大，我們一起來。」

燕子、小蟋蟀和小麻雀說幹就幹，不幾天，有個新窩就在燕子原來的窩旁邊壘好了。

小麻雀和燕子成了好鄰居，牠們有空就一起遊戲，跳舞，唱歌，可開心了！

孩子，幫助他人是多麼快樂的一件事情呀！小蟋蟀、小燕子正是在幫助小麻雀的過程中收穫到了友情、快樂了自己。所以說，只有樂於幫助別人的孩子，才能受到他人的歡迎，讓自己的生活變得更加快樂、有意義。

# 備選故事任你挑

我們每個人都有需要別人幫助和幫助別人的時候。如果人與人之間能少些冷漠、冷淡，多些關愛、關心、熱情，這個社會將變得更加美麗，更加溫暖。

身為家長，我們應從小培養孩子的關愛之心、助人之心。這樣，在孩子需要幫助的時候，一定會得到他人的更多關懷。

## ▌ 棉襪與玫瑰

許多孩子都誤認為，只有有錢有能力的人才能夠幫助到他人。我人小力單，怎麼可能幫到人呢？如果你的孩子同樣自認為有助人之心，但無助人之「力」，不妨告訴孩子，並不是有錢、有能力的人才能幫助到別人，任何一個人，只要有心，都能在他人需要的時候，給予關愛和幫助 ——

在小鎮最陰冷潮溼的街角，住著約翰和妻子珍妮。約翰在鐵路局幹一份扳道工兼維修的活，又苦又累；珍妮在做家務之餘就去附近的花市做點雜活，以補貼家用。雖然他們的生活很清貧，但他們很相愛。

冬天的一個傍晚，小倆口正在吃晚飯，突然響起了敲門聲。珍妮打開們，門外站著一個快凍僵的人，手裡提著一個菜籃：「夫人，我今天剛搬到這裡，就住在對街，您需要一些菜嗎？」老人的目光落到珍妮綴滿補丁的圍裙上，神情有些黯然。

「要啊！」珍妮微笑著遞過幾個便士，「胡蘿蔔很新鮮呢！」

老人渾濁的聲音裡又有了幾分激動：「謝謝您了！」

關上門，珍妮輕輕地對丈夫說：「當年我爸爸也是這樣掙錢養家的。」

第二天，小鎮下了很大的雪。傍晚的時候，珍妮提著一罐熱湯，踏過厚厚的積雪，敲開了對街的房門。

兩家很快就結成好鄰居。每天傍晚，當約翰家的木門響起賣菜老人篤篤的敲門聲時，珍妮就會捧著一碗熱湯從廚房裡迎出來。

耶誕節快來時，珍妮與約翰商量著從開支中省出一部分來給老人置件棉衣：「他穿得太單薄了，這麼大的年紀每天出去受凍，怎麼受得了？」約翰點頭默許了。

珍妮終於在平安夜的前一天把棉衣趕製成了。鋪著厚厚的棉絮，針腳密密的。

平安夜那天，珍妮特意從花店帶回一枝整理過的玫瑰，插在放棉衣的紙袋裡，趁著老人出門買菜，放到了他家門口。

2 小時後，約翰家的木門響起了熟悉的篤篤聲，珍妮一邊說著聖誕快樂，一邊快樂地打開門，然而，這回老人卻沒有提著菜籃子。

「嗨！珍妮，」老人興奮地微微搖晃著身子，「聖誕快樂！

平時總是受妳的幫助，今天我終於可以送你們禮物了。」說著，老人從身後拿出一個大紙袋，「不知哪個好心人送到我家門口的，是很不錯的棉衣呢！我這把老骨頭凍慣了，送給約翰穿吧！他上夜班用得著。」老人略帶羞澀地把一枝玫瑰遞到珍妮面前，「這個給妳，也是插在這紙袋裡的，我淋了些水，它長得像妳一樣美。」嬌豔的玫瑰上，一閃一閃的，是晶瑩的水滴。

幫助他人，溫暖他人，同樣也溫暖自己。也只有樂於幫助他人的人，在自己有困難的時候才能得到他人的幫助！這正是這個故事要告訴我們的道理！

## ▌左手和右手的矛盾

左手和右手本應是一對好朋友，但主人每次鼓掌時，左手總是嫌右手打自己太疼；而每次主人吃飯的時候，右手又嫌左手幫不了自己，於是他們不再是朋友，互相也不說話，還總向別人說對方的壞話。

一天，一隻蚊子飛到了主人的左手上，狠命地叮咬，想要吸更多的血，左手感到奇癢無比，便拉下面子懇求右手道：「我的好兄弟，請你幫幫我吧！幫我把我上面的這隻蚊子打死吧！」右手不屑一顧地看了左手一眼，說：「這當然不行，你沒看到我正忙著嗎？我正在寫字呀！」

蚊子聽得心裡十分高興，牠在左手吸飽了血，「嗡嗡嗡」地唱著歌，得意地飛走了。過了一會兒，牠又飛回來了，又想

要吸右手的血，牠停在右手上，使勁的吸，右手癢得連筆都拿不住了，它想打死蚊子卻辦不到，於是紅著臉渴求左手道：「我的好兄弟，我以後一定好好地對你，求你幫幫我吧！幫我把蚊子趕走吧！我癢得連筆都拿不住了。癢死我了！太癢了！求你幫幫我吧！」

左手心裡十分高興，它憤恨地說：「我不幫，我能幫也不幫，你不也沒有幫我嗎？我正休息，別打擾我休息。再說了，蚊子咬你，我又不癢，關我什麼事啊？」蚊子聽了這話，更高興了。牠吸啊吸啊，直到自己再也吸不了了，肚子都快撐破了，才得意地離開了右手。

第二天，蚊子又來了，牠先吸右手，再吸左手。可憐的左手和右手再也沒有好日子過了，可這又能怪誰呢？

給予是彼此的，膨脹的自我只會讓我們因為自私而損失更多。生活在社會這個大家庭中，別人的好壞與我們休戚相關。別人的不幸無法給我們帶來快樂，而別人的幸福卻能讓我們同等幸福。我們在幫助別人的時候，其實也是在幫助我們自己。

## ▍釣魚的收穫

兩個釣魚高手一魚池垂釣。這兩人各憑本事，一展身手，沒過多久，皆大有收穫。

忽然間，魚池附近來了十多名遊客。看到這兩位高手輕輕鬆鬆就把魚釣上來，不免感到幾分羨慕，於是都去附近買了一

些釣竿來試試自己的運氣如何。沒想到，這些不擅此道的遊客，怎麼釣也是毫無成果。

話說那兩位釣魚高手，兩人個性根本不同。其中一人孤僻而不愛搭理別人，單享獨釣之樂；而另一位高手，卻是個熱心、豪放、愛交朋友的人。

愛交朋友的這位高手，看到遊客釣不到魚，就說：「這樣吧！我來教你們釣魚，如果你們學會了我傳授的訣竅而釣到一大堆魚時。每10尾就分給我1尾。不滿10尾就不必給我。」

雙方一拍即合，欣表同意。

教完這一群人，他又到另一群人中，同樣也傳授釣魚術，依然要求每釣10尾回饋給他1尾。

一天下來，這位熱心助人的釣魚高手，把所有時間都用於指導垂釣者，獲得的竟是滿滿一大簍魚，還認識了一大群新朋友，同時，左一聲「老師」，右一聲「老師」，備受尊崇。

同來的另一位釣魚高手，卻沒享受到這種服務他人的樂趣。當大家圍繞著其同伴學釣魚時，那人更顯得孤單落寞。悶釣一整天，檢視竹簍裡的魚，收穫也遠沒有同伴的多。

熱心腸的人是幸福的。因為熱心、願意幫助別人，不但能收穫到友情，還可能收穫到尊重、信任和更多的財富。而自私、唯我獨尊的人，往往會被他人所忽略，成為一個孤獨、沒有朋友的人！

## ▌多和陌生人說話

在美國紐約的時代廣場上，有一位銀髮老婦整日踱來踱去。有人認為她是在活動筋骨，有人認為她是位無家可歸的老人。直到有一天，報紙上登出了這位老人的事情，人們才知道，原來她是在來來往往的人群中搜尋面帶焦慮、心事重重、需要幫助的無助者。

見到獨自亂跑的小朋友，她就上前問一句：「小東西，是不是找不到家了？需要我幫忙嗎？」見到滿眼憂鬱的女孩，她就上前問一句：「孩子，有什麼不開心的事嗎？說出來吧，或許我能幫助妳。」見到心事重重、滿臉沮喪的老年人，她也會主動上前打個招呼：「遇到為難的事了吧？用不用我給你出出主意？」她救助過因長期失業感到前途迷茫而企圖自殺的青年男女，送過離家出走的學生和迷途的智障老人，救助過被拐騙的異地少女，還曾成功地勸說走投無路的犯罪分子投案自首。

在這位老人的影響下，紐約成立了一個自發性的銀髮老人救助組織，他們的口號是「多和陌生人說話」。現在，越來越多的退休老人加入了這個行列，像那位老婦人一樣，走上街頭用他們那雙見多識廣的眼睛，去搜尋來來往往的人群，一旦發現可能需要幫助者，他們就會主動上前去和陌生人說話。

人與人之間多一些交流，這個世界就多了一份溫暖。「多和陌生人說話」，讓我們用一次主動的傾心交談去挽回一些遺

憾，創造一份美麗，改變一種結局。

助人的雙手比祈禱的雙唇更神聖

第二次世界大戰正在激烈地進行，歐洲戰場打得異常慘烈，戰場上的情況真是變幻莫測。

有一天，大雪紛飛，滴水成冰，盟軍最高統帥艾森豪將軍乘車回總部參加緊急軍事會議。

忽然，將軍看到一對法國老夫婦坐在馬路旁邊，凍得瑟瑟發抖。他立即命令身邊的翻譯官下車了解詳情，一位參謀急忙阻止說：「我們得按時趕到總部開會，這種事還是交給當地的警方處理吧！」

艾森豪卻堅持說：「等一會兒警方趕到的時候，這對老夫婦可能早已凍死啦！」

原來，這對老夫婦準備去巴黎投奔自己的兒子，但因為車子拋錨，前不著村，後不著店，正不知如何是好。

於是艾森豪立即把這對老夫婦請上車，特地繞道將這對老夫婦送到家後，才風馳電掣地趕去參加緊急軍事會議。

助人的雙手比祈禱的雙唇更神聖。艾森豪的善心義舉得到了意想不到的巨大回報。原來，那天幾個德國納粹狙擊手虎視眈眈地埋伏在艾森豪原來必須經過的那條路上，如果不是因為行善而改變了行車路線，將軍恐怕就很難躲過那場劫難。孩子，福在積善，禍在積惡。這句話雖不能理解成因果報應，但

卻也折射出一個我們常說的道理，幫助別人就是幫助自己，與人為善就是與己為善。

## ▍迷路的駱駝

許多孩子喜歡與那些成績優秀的孩子往來，認為只有他們才能夠幫助到自己。對於課業成績不好的同學，不是嘲笑、挖苦就是置之不理，認為沒有什麼值得交際的。這樣的心理不但影響到孩子健康心態的形成，還不利於他個人的發展。如果你的孩子同樣有這樣的心態，不妨給他講講如下的故事──

五隻駱駝在沙漠裡吃力地行走，牠們和主人率領的十隻駱駝走散了，前面除了黃沙還是黃沙，牠們只能憑著最有經驗的一隻老駱駝的感覺往前走。

不一會兒，從牠們的右側方向走出一隻筋疲力盡的駱駝。原來牠是一週前就走散的另一隻駱駝，另外四隻駱駝輕蔑地說：「看樣子牠也不是很精明啊，還不如我們呢！」

「是啊，是啊，別理牠！免得拖累我們！」

「我們就裝作沒看見，牠對我們可沒什麼幫助！」

四隻年輕的駱駝你一言我一語，都想避開這隻駱駝。老駱駝終於開腔了：「牠對我們會很有幫助的！」

老駱駝熱情地招呼落魄的駱駝過來，對牠說道：「雖然你也迷路了，境遇比我們好不到哪裡去，但是我相信你知道這個方向是錯誤的。這就足夠了，和我們一起上路吧！有你的幫助我們會成功的！」

　　他人失敗的經驗也許是我們成功的踏腳石，幫助那些失敗的人走出困境，也是在幫助自己避免陷入同樣的困境裡！這是這個故事要告訴我們的道理。

## ▌被擠出帳篷的主人

　　樂於幫助他人是一種美德，但如果不注意分寸，過度地幫助別人。不但無法滿足他們膨脹的欲望和需求，反而只會助長他們的無理，讓他們更加得寸進尺。

　　如果你有一個善良、熱忱，但不知道幫助他人也應該講原則的孩子，那麼，你不妨找個機會讓他聽聽《被擠出帳篷的主人》的故事 ——

　　　　在一個寒冬的夜晚，有一位阿拉伯人正坐在自己的帳篷裡。這時，門簾被輕輕的撩起來，他的那頭駱駝從外面朝帳篷裡看。

　　　　阿拉伯人很和藹地問牠：「你有什麼事嗎？」

　　　　駱駝說：「主人啊，我凍壞了，懇求你讓我把頭伸到帳篷裡來吧！」

　　　　大方的阿拉伯人說：「沒問題。」

　　　　駱駝就把牠的頭伸到帳篷裡來了。過了不久，駱駝又懇求道：「能讓我把脖子也伸進來嗎？」阿拉伯人也答應了，駱駝於是把脖子也伸進了帳篷。牠的身體在外面，牠把頭很不舒服地搖來搖去，很快牠又說：「這樣站著身體很不舒服，讓我把前腿也放在帳篷裡來，也就占用一小塊地方。」

阿拉伯人說：「那你就把你的前腿也放進來吧！」這回阿拉伯人自己就挪動了一下身子，又騰出了一點地方，因為帳篷太小了。

駱駝接著又說話了：「其實我這樣站著，打開了帳篷的門，反而害我們都受凍。我可不可以整個都站到裡面來呢？」

主人保護駱駝就像保護自己一樣，說：「好吧！那你就整個站到裡面來吧！」

可是帳篷實在小得可憐，他們兩個是擠不下來的，駱駝進來時候說：「我想這帳篷是住不下我們兩個的，你身體比較小，你最好站到外面去，這樣我就可以住得下。」

駱駝說著推了主人一下，阿拉伯人就這樣被擠了出去。

理智、有分寸的幫助，不但能給他人帶來方便，還給自己帶來快樂。而過度付出，只會讓自己承受莫大的損失，還讓他人覺得自己愚昧可欺，是不可取的。所以我們說：「幫助，也應該看對象。對於那些貪婪，沒有節制的人，不幫助是對他們最大的幫助。」

## 給家長的悄悄話

幫助他人是一種美德。但現實生活中，對於他人漠不關心的孩子大有人在。如大人在做事情的時候，孩子理所當然地蹺起二郎腿看他的電視；家長生病了，需要找醫生。孩子竟冷漠地如若無視。孩子小一點的時候，家長還能諒解，認為是因為

孩子尚小，還不懂事造成的。但孩子大了依然如此，家長難免會覺得難過、寒心了。我怎麼生了這麼一個不懂得關心、體貼父母的孩子呢？歸結起來，孩子不懂得關心和幫助他人的原因有以下幾個方面：

- 許多父母教育孩子時喜歡包辦，正是他們毫無原則的溺愛才「造就」了一批以自我為中心、獨立意識差的孩子。家裡人整天圍繞著孩子轉，萬事以孩子為中心，讓孩子養成了以「我」為中心的性格，他們沒有關心、幫助他人的機會。因為，家長的「愛」已經把這些經驗剝奪了。這樣，孩子不懂得關心和幫助他人，又能怪得了誰呢？

- 家長自己凡事以「我」為中心，認為他人都應該為自己服務，而自己對於需要幫助的人總吝於付出。耳濡目染，孩子把家長的冷漠、自以為是的做人態度都學會了。最終自然把這種態度運用到自己的生活以及人際交流的過程中。

- 孩子缺乏技巧，不知道怎麼做才算是幫助別人。在生活中，許多家長擅長給孩子講道理，但並不告訴孩子，什麼情況下你需要去幫助別人。這樣，孩子在缺乏經驗的情況下，難免手足無措，不知道從何下手。

- 曾經幫助過別人，但因為在自己需要幫助的時候，他人卻冷漠地不肯伸出援助之手，導致孩子對人心產生了懷疑，從而也不再願意幫助別人了，索性：你自私，我就比你更自私。

沒有人天生就是冷漠，不會關心、幫助他人的。正如古話說的「人之初，性本善」，每一個孩子在小的時候其實都有一顆善良、體貼、樂於助人的心，但因後期教育不當，導致一些孩子變得冷漠、不會幫助別人了。所以，孩子幫助他人的習慣需要從小培養。

## 父母積極教導孩子助人可從以下幾個方面入手

· 家長應該讓孩子多接觸社會，從中體驗到被他人需要的快感。被認同能增加孩子的價值感。因此，父母應盡量給孩子提供良好的接觸社會、關心和幫助他人的機會。比如讓孩子學著幫助或者照看比自己年齡小的小朋友；試著幫助父母做一些力所能及的家務；假日時帶著孩子去參與各項適合他的義務活動等。此外，還可以帶著孩子跟親戚朋友、左鄰右舍或同班的孩子互動。讓孩子從團體同伴的互動過程中，體驗相處、互助、分享的重要，並從同伴互動中學習團體相處的技巧。以上這些，都可以增進孩子的人際智慧，也讓孩子在互動中學會與人互助和分享。

· 樹立榜樣。孩子的模仿力非常強，而父母無疑成為孩子首先模仿的對象，如果父母自己的行為是自私的，那就難以要求孩子會有良好的行為方式。因此，在孩子面前，父母應時刻提醒自己：「我是孩子的榜樣」。

- 解釋原因。就像孩子需要由大人告訴他們打人、罵人不對一樣，他們也有權力知道幫助別人是多麼好的一件事。譬如：「如果你把你的小車讓妹妹玩，你就不會讓她覺得好傷心，她會很高興！」讓孩子知道，當他為別人著想的時候，你會感到很欣慰，並表揚他，告訴他：「你學會關心別人了，我感到很高興。」有時，還可適當的獎勵，久而久之，孩子的行為就會得到鞏固和發揚。

- 教給孩子方法。要幫孩子了解如何助人？光是告訴他哪些事不可以做是不夠的，還應該告訴孩子在什麼情況下可以幫助別人，怎麼幫。當自己需要幫忙的時候也應該主動請求幫助。如果因此遭到了拒絕，不要灰心，覺得自己就不應該再幫助他人了，因為，熱心腸的人還是有很多的。

總之，父母應在日常生活中，利用一切可能的機會在語言上和行動上教育孩子，讓他逐漸學會關心別人，幫助別人。

## 親子加油站

1. 要養成孩子關心他人的良好品性，有時父母明確、具體地表明自己喜歡他做什麼，比簡單地說教來得更有效。

2. 如果在你需要幫助時，孩子依然袖手旁觀，也不要當場責備，你可以在孩子需要幫助的時候同樣「袖手旁觀」，讓孩子明白，如果自己袖手旁觀，別人同樣對自己的事情漠不關心。

3. 多表揚、鼓勵孩子善良的行為，讓孩子在幫助他人的過程中體驗幸福、快樂、被需要的感覺，這樣，孩子自然就越來越懂事、善解人意了。

4. 對於孩子幫你做事情，但把事情做得越來越糟糕的時候，切不可責備孩子說：「真是幫倒忙，越幫越忙。」這樣的話會挫傷孩子做事情的積極性。

# 第十一章
# 你的孩子善於與人合作嗎？

　　綜觀我們的生活，很多家長總希望自己的孩子出人頭地、出類拔萃，要各個方面超過別人，強調達到優秀與完美，強調競爭、戰勝他人，而不注意培養孩子幫助他人、與人合作的品德。其實，這樣的教育方式並不可取，它只能將孩子塑造成為一個隻為自己著想、自私自利的人。身為家長，若想自己的孩子能獲得真正意義上的成功，就需要從小培養孩子幫助別人，與人合作的意識。

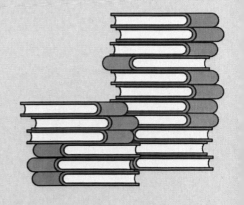

# 不會互助合作難成功

　　巴爾扎克有一句名言：「單獨一個人可能滅亡，兩個人在一起可能得救。」它暗示著合作的重要性。沒有人能夠獨自成功，唱獨角戲不利於成大事。俗話說得好：「雙拳難敵四手；三個臭皮匠，頂個諸葛亮。」只有運用合力，善於合作，才有強大的力量。

　　未來社會是一個競爭與合作並存的社會，「學會交流」、「學會合作」是時代賦予人才的基本要求。只有能幫助別人，與人合作的人才能獲得生存空間；只有善於合作的人，才能贏得發展的機會。正所謂：一個籬笆三個樁，一個好漢三個幫，一個人再有天大的本事，如果沒有合作精神，仍舊難成大事。一般說來，不會合作的孩子有以下表現：

　　自私，不懂得寬容。不會合作，不喜歡幫助別人的孩子與不懂得寬容，不會謙讓的孩子有同樣的特點，都比較自私，通常凡事以自我為中心。

　　情感冷漠。這些孩子在情感的表現上比較冷漠，他沒有與人合作能獲得更大成功的意識，認為別人的事情跟自己沒有關係。

　　霸道、喜歡占有。總覺得這個東西是我的，那個東西也是我的，不喜歡與人分享自己喜愛的東西，當有人「侵犯」自己的時候，他會不客氣地搶奪。

　　孤僻，不喜歡跟別人一起玩。孩子膽怯，也是不與人合作的原因。消除孩子的膽怯心理，走出自己的小圈子，孩子才能找到「合作」的樂趣。

　　遇到問題不懂得如何解決。因為不懂得合作，這些孩子遇到事情的時候總難免顯得手足無措，不知道該如何處理。

　　依賴性強。因為不懂得合作，孩子只好求助於自己的家長，希望能從家長那裡得到協助，從而解決自己的問題。久而久之，孩子的依賴性就養成了。

　　孩子不會合作的不利因素眾多，加之現代社會是一個注重團體合作的社會，沒有個人英雄主義。要想讓自己的孩子將來能夠人緣關係好，容易得到他人的幫助，培養孩子善於合作、樂於助人的特質勢在必行。

### 小叮嚀

如何了解你的孩子是否懂得合作？

1. 在生活中多了解、多觀察。如跟爸爸、媽媽一起玩玩具的時候，他們是否懂得求教別人，又或者索性把自己的任務棄之不理，等著家長為他做完？不管是過於依賴還是過於自我，家長發現後都應該及時糾正。

2. 從老師、同學那裡了解孩子的表現。如果你的孩子在學校中表現得不太合群，喜歡獨立

完成「工作」，習慣於當「獨行俠」，遇到與人合作的時候不是心不在焉就是無從下手。針對孩子的這些情況，家長應該發現問題的癥結，對症下藥。

# 從《草莓不見了》講起

生活之中，處處都需要合作。缺少合作的精神，就失去了發展的可能。如果孩子總是揀輕怕重，不愛與他人合作，不喜歡關心、幫助別人，家長不妨講個《草莓不見了》的故事——

春天來了，森林裡到處花香鳥語，一片生機勃勃的景象。

清早，小熊出去散步時，在一棵大樹下發現一大片草莓地。「太好了！」小熊興奮得直翻跟頭，趕緊找來了牠的好朋友麻雀和小猴，「如果我們好好照顧它們，過不了多久，我們就有新鮮的草莓吃了。」小熊對牠的好朋友說。小麻雀和小猴都高興地直點頭，們都在想像草莓成熟時那果實累累的景象。

小熊安排道：「我力氣大，我去打水，小麻雀你給草莓捉蟲，小猴子你總是跳來跳去停不下來，就給草莓拔草吧。」小麻雀和小猴子都同意了小熊的提議。牠們唱著歌，分頭去幹自己的活了。

不久，草莓像星星一樣冒出來了，小小的，綠綠的，隨著風輕輕地擺動。可是小熊卻不幹了：「我每天去打水，太累了，哪裡像小猴，多麼輕鬆，不用天天跑來跑去。」

　　麻雀也開始抱怨：「我每天都要待在這裡細心地找啊找啊，哪裡都不能去。可是小熊還可以每天出去看風景。」

　　小猴聽見了，也不甘示弱：「我每天彎腰拔草，腰痛得都不能在樹上盪鞦韆了，還是麻雀清閒，可以隨時嘗嘗草莓熟了沒有。」三個好朋友都覺得別人做的工作比較輕鬆，於是就約定，從此以後麻雀負責打水，小猴負責捉蟲，而小熊也如願以償地去拔草。

　　第二天，麻雀高興地去打水，可是才到半路，牠就累得連翅膀都搧不動了。於是，牠偷偷地把水倒掉一半；小熊悠閒地去拔草，可是牠的手太大了，經常不小心把草莓也一起拔掉了；小猴子在草莓叢中跳來跳去找蟲子，一會兒眼睛就累痠了。這時，小猴子聽到小鳥在樹上唱著歌，牠就盪到樹上和小鳥玩捉迷藏了。

　　草莓成熟的日子到了，三個好朋友來採草莓，可是草莓呢？草莓地裡只有一片枯草，星星一樣的草莓都不見了。三個好夥伴後悔已經來不及了！

如果三個朋友不抱怨自己的工作，而是把適合自己的工作做好，牠們就可以吃到甜美的草莓了。怎樣可以讓一滴水不乾涸呢？只有把它放到大海裡。一個人的力量是有限的，不可能做完所有的事情，也不可能做好所有的事情，所以我們需要和別人進行合作。

# 備選故事任你挑

　　21 世紀是競爭激烈的時代，對人的合作能力提出了更高的挑戰。因合作而安身立命，因合作而完善人生的經歷，相信每一位年輕的家長都曾親身體驗過。孩子雖然年紀小，但合作的重要性卻絲毫不減。無論是擁有現時的快樂童年，還是順利地適應未來的社會生活，都需要他們具備良好的合作精神及必要的行為經驗。

## ▌兩個飢餓的人

　　懂得合作，才能化解困難，如果不要合作，可能會導致厄運，要讓孩子明白這個道理，講個《兩個飢餓的人》的故事——

　　　　兩個流浪漢在路上蹣跚地前進著，他們已經好幾天粒米未進了，這時候，哪怕只有一口飯吃，他們都會欣喜若狂。

　　　　就在他們即將絕望的時候，一個頭髮花白的長者出現在他們面前。長者說：「這裡有一簍鮮活碩大的魚和一根漁竿，你們選擇你們需要的東西吧！」兩個流浪漢對於長者的恩賜不勝感激。他們一個人選擇了一根漁竿，而另一個人選擇了一簍鮮活碩大的魚。

　　　　他們得到各自想要的東西以後，兩個流浪漢分道而行了。

　　　　得到魚的人在原地點起篝火煮起了魚，他吃得狼吞虎嚥，還沒來得及品出鮮魚的肉香，就連湯帶魚吃了個精光。不久他就餓

死在這個空空的魚簍旁了。

另一個得到漁竿的人，滿懷欣喜，忍著飢餓，跌跌撞撞地奔向了希望之海。他想，透過自己的努力會有取之不盡的魚。然而，來到海邊時，他已經精疲力竭了，聽著海浪聲，望著浪花的飛濺，他也帶著無限的遺憾撒手而去了。

那個長者站在他們的屍體旁長長地嘆了一口氣：「哎，為什麼就不懂得一起吃完魚，然後一起去釣魚呢？這樣的人，即便有再多的財富也是沒有用的。因為他們不懂得分享的樂趣。」

孩子，你看分享和合作是多麼重要呀。這兩個飢餓而死的人正是因為沒有意識到合作的重要性，才落了個雙雙赴黃泉的悲慘命運。

## ▍橡樹

花園裡生長著一棵橡樹。它一年比一年粗壯高大，一年比一年挺拔威武。它那亭亭如蓋的樹冠遮天蔽日，濃密的樹蔭擋住了它周圍所有樹木的陽光。隨著身材的長高和枝葉的繁茂，橡樹的驕傲情緒與日俱增。

有一天，它居高臨下，用輕蔑的目光望著周圍的樹木大聲喊：

「快把這顆可憐的榛子樹給我收拾掉！」於是那顆榛子樹被砍倒在它的腳下。

「我不再願意與這顆討厭的無花果樹為鄰！看見它那副蠢樣

子我就噁心！」脾氣越來越大的橡樹又命令說。於是無花果樹也遭到了厄運。

妄自尊大的橡樹並沒有就此甘休，它不可一世地搖晃著漂亮的枝葉，傲慢地說：「把這些枯枝敗葉的果樹也統統從我身邊清除掉！」於是這些樹木也都成了木柴。

就這樣，大吵大鬧的橡樹把它周圍的樹木都一顆顆斬盡了，橡樹成了花園裡獨一無二的主人，它的美貌使得其他的樹木只留下一個個樹墩。

有一天，突然颳起了狂風。驕傲的橡樹用強壯的粗根緊緊抓住大地，拼盡全身力氣，迎著狂風挺立著。然而風遇不到一棵樹阻攔，暢通無阻，徑直朝橡樹撲來，無情地撕扯著它的枝葉，吹彎了它的軀幹。終於，被折磨得死去活來的橡樹經不住巨大的風力，最終倒在了地上。

驕傲自滿，自私自利的橡樹並不知道：孤木難以成林。在風暴面前，不利用集體的作用，是很容易受到風沙襲擊的。要想在激烈的競爭中「活得」更好，要懂得合作才可以。

## ▌三頭公牛和一頭獅子

在遼闊的大草原上，生活著紅牛、黑牛、黃牛三兄弟。公牛三兄弟時常在一起遊戲、休息，牠們生活得可幸福了。

這天，草原上來了一頭獅子。

　　獅子看到了三頭牛，想把他們吃掉，就向他們猛衝過去。三頭公牛也看見了獅子，牠們馬上頭朝外，圍成了一個圈子，獅子猛衝過來，被紅牛用角挑出老遠，重重地摔了個跟頭。獅子想從另一個方向進攻，可看到黃牛和黑牛瞪大眼睛、惡狠狠地看著牠，也就不敢靠近，只好灰溜溜地走了。

　　獅子沒有吃到牛肉，當然很不甘心，但是又鬥不過三兄弟。怎麼辦呢？狡猾的獅子終於想出了一個辦法。

　　這一天，三兄弟沒有在一起，獅子終於等到了機會。牠跑到黑牛身邊，對黑牛說：「哎，你這傻牛，你可要留心你的兩個兄弟呀，我聽牠倆在一起商量說為了霸占草地想幹掉你。你瞧，牠倆在竊竊私語，生怕你聽見了呢！」

　　之後，獅子又對其他公牛說：「朋友，聽著！你要留心你的兩個夥伴，因為我聽說牠倆為了霸占草地想幹掉你。你瞧，牠倆在竊竊私語，生怕你聽見了呢！」

　　公牛恰好看見牠的兩個夥伴在咬耳朵，便都輕信了獅子的話。就這樣，曾經親密無間的三頭公牛現在形同陌路。

　　時機終於成熟了。有一天，獅子撲向一頭公牛，咬斷了牠的脖子，另外兩頭在遠處分散吃草的公牛眼睜睜地望著獅子吞食了自己的夥伴，只想著那是牠應得的報應。

　　最後，三頭牛都被獅子用同樣的方式吃到了肚裡，它牠們連死的時候都不知道這些都是獅子離間造成的。

## 第十一章　你的孩子善於與人合作嗎？

人與人之間的合作是重要的，正如一頭公牛難敵獅子，而三頭公牛卻能打敗獅子一樣，只要合作，敵人就無隙可入，而如若不合作，便為敵人提供了可乘之機。這是多麼不應該！

### 天鵝、狗魚和蝦

有一次，天鵝、狗魚和蝦，一起想拉動一輛裝東西的貨車，三個傢伙套上車索，拚命用力拉，可車子還是拉不動。

車上裝的東西不算重，只是天鵝拚命向雲裡衝，蝦盡是向後倒拖，狗魚直向水裡拉動。

究竟哪個錯？哪個對？用不著我們多講，只是車子還停留在老地方。

孩子，要想把一件事情辦好，就必須與合作者協調好。如果合作者之間各執己見，不協調，只會把事情弄糟，引起痛苦煩惱。因此，與人合作，學會協調彼此的關係很重要。

### 合作的功效

在古希臘時期的賽普勒斯，曾經有一座高大而又牢固的城堡裡關著一群小矮人，傳說他們是因為受到了可怕咒語的詛咒，而被關到這個與世隔絕的地方。他們剛被關入城堡時，找不到任何人可以求助，更可怕的是，城堡裡不僅沒有一粒糧食，甚至連一滴水也找不到。這讓小矮人們越來越焦急，越來越絕望。

　　在小矮人中，阿基米德是第一個收到守護神雅典娜托夢的。雅典娜告訴他，在這個城堡裡，除了他們呆的那間陰溼的儲藏室以外，其他的 25 個房間中，有一個房間裡有一些蜂蜜和水，夠他們維持一段時間；而在另外的 24 個房間裡有石頭，其中有 240 塊玫瑰紅的靈石，收集到這 240 塊靈石，並把它們排成一個圓的形狀，可怕的咒語就會解除，他們就能逃脫厄運，重返自己的家園。

　　第二天，阿基米德迫不及待地把這個夢告訴了其他的 6 個夥伴。有 4 個人都不願意相信，只有蘇格拉底和愛麗絲願意和阿基米德一起努力。開始的幾天裡，愛麗絲想先去找些木柴生火，這樣既能取暖又能讓房間裡有些光線；蘇格拉底想先去找那個有食物的房間；而阿基米德想快點把 240 塊靈石找到，好快點讓咒語解除。3 個人無法統一意見，於是決定各找各的。但幾天下來，3 個人都沒有成果，倒是耗得筋疲力盡了，更讓其他的 4 個人暗自竊笑不已。

　　但是，這三個小矮人並沒有因此而放棄，失敗反而讓他們意識到應該團結起來。他們決定，先找火種，再找吃的，最後大家一起找靈石。這果然是個靈驗有效的方法，3 個人很快在左邊第二個房間裡找到了大量的蜂蜜和水。

　　學業中、生活中甚至工作中，有很多事情是需要團結合作完成的。如果在合作一件事情的時候，只照顧自己的想法，固

執己見，是很難把事情做成功的！只有同心協力，團結一致，才能最終把事情做好！因為團結合作的力量遠遠比單槍匹馬地苦幹有效果多了！

## ▎三隻老鼠

有一天，有一隻老鼠覓食回來，牠在覓食的過程中打探到某地有一缸油，牠本來是想自己獨吞的，可是因為油缸很深，油在缸底，牠只能聞到油的香味卻喝不到油，急得團團轉，這該怎麼辦呢？最終，牠三角眼骨碌一轉，想出了一個好主意。人類不是說合作才有效率嗎？我也可以叫其他夥伴跟我合作呀！

於是，牠找來夥伴，告訴夥伴們自己找到了油，如果其他老鼠肯配合的話，每只老鼠都能吃到油。一聽有油吃，老鼠們可高興了，都願意聽從牠的分配。

牠叫一隻老鼠咬著另一隻老鼠的尾巴，輪流著吊到缸底去吃油。一隻吃完了，換另一隻下去吃。

在牠的指導下，其他老鼠都準備就緒，吊著牠把牠送到了缸底。舔著香噴噴、油膩膩的油，這隻老鼠越舔越高興。牠心想：「油只有這麼一點點，大家一起分享實在不過癮，今天算我運氣好，我索性痛痛快快地吃飽喝足。」

而夾在中間的第二隻老鼠在想：「下面的油沒有多少了，萬一被第一隻老鼠舔光了，我們這些老鼠不是要喝西北風了嗎？我幹嘛這麼辛苦地讓第一隻老鼠獨自享受呢？」

其他老鼠也各懷鬼胎，全然忘記了，如果放開對方跳到缸底，只能落個出不去的下場。

各老鼠想著想著，紛紛放開前一隻老鼠的尾巴，跳進了缸裡，牠們爭先恐後地舔起了油來，連怎麼出去的問題都沒有思考。

油舔光了，每隻老鼠渾身油乎乎的，牠們感覺處境不妙，開始互相指責對方的不守信用。只是，指責是沒有用的，牠們最終只能餓死在油缸裡。

故事裡的老鼠們表面上是一起合作的，可牠們各懷心事，心裡想的都是各自的利益問題，最終只能落個困死在缸底的下場。真正的合作是同心協力、萬眾一心的，只有這樣，合作才是有效的。

那些聰明的人之所以成功的原因，就在於他們懂得講究互相幫助，透過有效的團隊合作來實現自己的目標，達到自己的願望。這樣，你成功了，他也成功了，何樂而不為呢？讓我們從小就養成與人合作的好習慣吧！

## 「共命鳥」的故事

從前，某個國家的森林內餵著一隻兩頭鳥，名叫「共命」。這鳥的兩個頭「相依為命」，遇事兩個頭向來都會討論一番後，才會採取一致的行動，比如到哪裡去找食物，在哪兒築巢棲息等。

有一天，一個頭不知為何與另一個頭髮生了很大誤會，兩個頭誰也不理誰，相互仇視起來。

其中有一個頭想盡辦法和好，希望還和從前一樣快樂地相處，另一個頭則睬也不睬，根本沒有要和好的意思。

這兩個頭為了食物開始爭執，一個頭建議多吃健康的食物，以增進體力；但另一個頭則堅持吃「毒草」，以便毒死對方以消除心中怒氣。和談無法繼續，於是只有各吃各的。最後，那隻兩頭鳥終因吃了過多的有毒食物而死去了。

孩子，每個組織之間的關係就好像是個大家庭的關係，成員中的兄弟姐妹應該和和氣氣，團結一致。若發生什麼不愉快的事，大家應開誠布公地解決，不應將他人視為「敵人」。因為一旦某個組織受到傷害時，其他組織也將深受其害。

## 給家長的悄悄話

合作是一種能力，合作是一種水準，合作是一種藝術，合作是一種境界。合作才能出凝聚力、出戰鬥力、出執行力。古文裡面有一句話「君子和而不同」，這裡的「和」就是合作、和諧，「不同」就是指能夠創造出不同凡響的奇跡。但時至今日，仍有很多家長為自己的孩子冷漠、不懂得合作困擾不已。那麼，造成孩子這些性格特質的原因到底是什麼呢？

## 家庭教育觀念問題

據研究統計，日本和美國 90％的家長在上幼稚園的孩子回家後問的第一句話是：「今天，你幫老師和同學做事情了嗎？」而臺灣 90％的家長則問：「你今天吃了什麼？有沒有被同學欺負呀？」不管這一統計資料是否屬實，但我們對家長的教育方式已經略見一斑了。

更有甚者，有些家長索性告訴孩子，別人打你你就打他。使孩子在與人合作中處處逞強、霸道。這些孩子在合作中是不受歡迎的，是無法與人合作的。

- **獨生子女家庭，養成了孩子以自我為中心的習慣**：家庭教育中以孩子為中心，盲目溺愛，處處護著孩子，事事讓著孩子，樣樣滿足孩子，仿佛孩子成了驕橫的「小皇帝」，家長反而成了「奴才」，這讓孩子的想法裡沒有合作的意識。父母的溺愛、嬌慣，使他們處處以自我為中心，自私、跋扈、任性、不願與人合作。

- **重孩子個體能力的訓練，輕合作能力的培養**：在生活中，我們經常聽到家長這麼說：「合唱比賽有什麼意思？得了第一名也不是你自己的榮譽，還是省點時間看看書吧！」類似的事情比比皆是。想一想，是不是你自己把孩子帶出了群體之外，讓孩子日漸自我、孤僻起來。這樣的孩子又怎麼可能懂得合作呢？

- **社會和家庭都過分強調等級差別，優劣區分**：長期以來，人們已經適應了這個競爭的社會。在教育孩子的時候，有些父母教育孩子要競爭，要取勝，要比同齡人強。在孩子還很小的時候，就告訴他：「老師發水果，要挑個大的，別那麼傻，不懂爭取。」等孩子上學了，父母又說：「要有競爭意識，別的同學問你問題，不要告訴他，他會了就比你強了。」、「這是媽媽新給你買的參考書，可別借給其他同學看啊！」大家可以仔細想一想，這種教育孩子的方式，培養出來的不是自私的孩子還能是什麼？

當然，孩子不懂得合作，跟他們的年齡也是有一定關係的，一般年紀小的孩子不會合作，也無從合作。所以，我們說互助與合作是一種品格，更是一種能力，需要家長的教育、引導才能夠培養起來。家長要從小給孩子灌輸這個觀念。

## 培養孩子合作的能力，需要有效地訓練

- **家長要樹立榜樣**：孩子學習榜樣，大體經歷了從無意識的模仿到有意識的模仿，從遊戲的模仿到生活實踐的模仿，從把模仿當作目的到把模仿當作達到目的的手段等。孩子培養良好的品格，不能只靠說教，更重要的是以身立教。透過言行，把抽象高深的思想、良好的道德標準具體化、人格化，使幼兒在不知不覺中模仿，形成好思想、好品德、好的行為

習慣。行為的模仿和練習，是形成和鞏固幼兒良好行為習慣的一種基本方法，也是教育實踐性原則的具體展現。

· **創造和諧、互助合作的環境**：家庭的環境創設，可以透過潛移默化的薰陶來教育孩子，是以隱性教育為主的教育法，可以利用氛圍塑造孩子的性格，具有極強的滲透性。家裡人之間的互相關心、合作、幫助，其樂融融的景象對孩子的教育意義重大。

· **激發孩子興趣，培養合作意識**：每個孩子天生就有很強的好奇心，家長要充分利用孩子的這一好奇心，讓孩子感覺到與人合作是一件有趣的事，從小培養他們的合作意識。

· **注意培養孩子良好的性格**：心理學家研究發現，一般情況下，有良好性格的孩子合作意識與合作能力都比較強，這種良好性格包括開朗、自信、友愛、平等以及探索精神，具有這種特質的孩子會主動與別人合作，而且會合作得很好。所以，培養孩子良好的性格是邁向合作的必備條件。

· 培養孩子的愛心、友愛互助等品德：由於家長的溺愛、嬌慣，導致許多孩子處處以自我為中心，任性、攻擊性行為較多，不願與人合作。還有的孩子受家長不良教育思想的影響對小朋友不友善，如家長告訴孩子：別人打你你就打他，使孩子在與人合作中處處逞強、霸道。所以，發現孩子這方面存在問題，就要及時採取恰當的方法，配合糾正

孩子的不良習慣。如，培養孩子關心他人、團結同伴、互幫互助的意識。

- **讓孩子學會悅納別人**：所謂悅納別人，是指自己從內心深處真正地願意接受別人。從實質上來講，合作是雙方長處的珠聯璧合，也是雙方短處的相互遏制。因此，只有相互了解到對方的長處，欣賞對方的長處，合作才有了真正的動力和基礎。所以家長要常和孩子講「金無足赤，人無完人」這個道理，不能因為別人有這個缺點或那個毛病，就嫌棄他、疏遠他。在日常生活中，家長要教育孩子善於發現別人的長處，對於別人的長處要誠心誠意地加以讚美。此外，家長自己平時在工作和生活中，也應堅持以這種態度來對待他人，成為孩子的表率。

- **讓孩子多參加有利於產生合作關係的活動**：家長可以讓孩子玩一些諸如共同堆積木、拼拼圖等需要合作的活動，還要鼓勵孩子參與如足球、籃球、排球、跳繩等體育活動。這些活動既有團體之間的對抗與競爭，又有團體內部的協調與一致，這就更有利於培養參與者的合作精神。

- **幫助孩子形成很好的合作態度**：一般地，在體育遊戲和角色遊戲中，孩子們的合作都比較好，但是在建構遊戲中，往往會出現合作的不愉快。究其原因，便是合作態度的問題。矛盾往往發生在遊戲材料較為缺乏時，孩子們會將一

部分遊戲材料據為己有，擔心一合作，就沒自己的份了。
這時候，就需要家長與老師及時引導，幫助孩子消除一些
顧慮，必要時家長或者老師可以參加到遊戲中，示範合
作，引導拒絕合作的孩子與自己一起遊戲，讓孩子逐步形
成良好的合作態度。

- **教給孩子正確的合作方法**：合作不是一個人的事情，所以
  不能隨心所欲。為了讓孩子更好地學會合作，家長應在具
  體的活動中教給孩子正確的合作方法。

  有一位幼兒老師是這麼教孩子合作方法的：在一次教學活
  動延伸中，我讓孩子們分組合作作畫，給一棵大樹添畫樹
  葉，結果只有一組孩子在真正地合作，他們在商量分工，
  分別完成大樹的某一部分。而其餘幾組幼兒雖然都在同一
  棵樹上作畫，但卻各行其是，並未真正合作。我便讓合作
  得較好的孩子向大家介紹他們的方法，然後再進行示範合
  作，結果孩子們馬上明白該怎樣和別人合作了。

  由此可見，在活動中教給孩子正確的合作方法非常重要，
  這能讓孩子更好地學以致用，以在今後的活動中懂得如何
  合作。

- **幫孩子解決合作中遇到的問題**：如果在遊戲活動中，孩子
  遇到糾紛時找不到很好的解決方法，不是告狀就是吵鬧，
  這時就需要家長幫助孩子解決孩子之間的矛盾。解決這樣

的問題時，需要採取一種孩子喜歡並樂於接受的方式，不要傷害孩子的自尊心。

- **向孩子充分展示合作的成果**：家長應充分肯定孩子的每一次合作，哪怕是一點點成果也要展示給孩子，讓他們體驗合作的快樂和成功，激發孩子們想合作的願望。在家長與老師的積極引導和充分肯定下，孩子的合作意識和能力才能得到有效的培養。

總之，孩子合作能力是一種品德培養，對孩子一生的發展至關重要。我們要激發孩子合作興趣，為孩子創造合作機會，指導孩子掌握合作技巧，為孩子良好的個性發展奠定扎實的基礎。

## ▎不能對孩子說的

- 「這件事情如果是你一個人做的，功勞就是你的。與他人合作，你的功勞就不會那麼大，所以不用那麼認真。」從小你就給孩子培養「功勞」意識，如何能讓孩子更好地與人為善，更好地與人相處呢？當然，更難說是合作了！

- 「合作就是要等著大家一起做，你一個人做那麼多幹什麼？」這是許多家長對孩子的教導，理由是心疼自己的孩子，怕他們勞累。這種心疼對孩子的成長無益。如果孩子有能力，多做一點，不僅不會吃虧，反而能讓孩子更好地學會合作。

## 親子加油站

光講合作的好處，孩子是體會不到的，只有在實踐中體驗，孩子才能深刻地意識到，幫助別人，就是在幫助自己。與人合作，才能高效完成自己的任務！

孩子在成長過程中，有適當的外界疏導，給他合作的機會，孩子就可能慢慢地培養起與人合作的習慣。

但是，合作不是對他人依賴。所以，讓孩子學會主動分享是重要的。

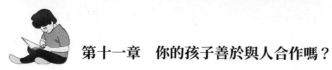

第十一章　你的孩子善於與人合作嗎？

# 第十二章
# 相互信任是交流的前提

　　信任是建立在兩個人相互坦誠的基礎上的。相互信任是指人們彼此相信而形成的情感上的相互依賴，人與人之間彼此產生了信任感，便會產生安全感、滿足感，因而能夠自由交流、真誠相處。

　　信任和猜疑是相互的，如果兩個人無法信任對方，便只能猜疑了。越猜疑就越擔心，越擔心就越無法與人正常交流，最終導致社交恐懼症。所以，試著讓孩子放下猜疑，坦誠地與人相處，能讓孩子的心胸變得越來越開闊，能讓孩子的人生道路變得越來越寬闊！

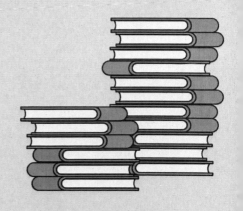

## 第十二章　相互信任是交流的前提

# 相互信任的重要性

　　有人說，信任是人與人之間真誠交流的基礎。沒有真誠，便不會有信任；沒有信任，就不可能有人與人之間的相互往來。朋友之間、同事之間需要信任；在家庭裡，父母與子女之間，也同樣需要信任。心理學家認為，追求信任，這是一種積極的心態，是每個正常人的普遍心理，也是一個人奮發進取、積極向上、實現自我價值的內驅力。信任的心理機制對一個人良好心理特質的形成具有積極的鼓勵作用。

　　信任，即「確實地信賴某人的特質、能力與力量」，它能夠增加一個人的自信心。如果你信任某人，你就會對他們有信心；如果你信任你自己，你就會對自己有信心。因為信心所致，才能夠更加有激情，把事情完成得更好。

　　信任意味著壓力、重視和鼓勵，這是真正觸動人們心靈的動力。從教育效果看。信任是一種富有鼓舞作用的教育方式。老師給予孩子足夠的信任，能鼓舞孩子取得優異的成績；家長給予孩子足夠的信任，能喚起孩子內在的責任感和潛力，讓孩子變得越來越符合自己的期待。所以，要想他人表現得更好，請相信他。

　　相互信任能夠促進人與人之間的感情。朋友之間互相信任，能增加彼此的感情，讓對方更加信賴自己。家人之間互相信任，能讓對方更加尊重自己。如果沒有信任，便沒有和諧，沒有了生活的動力。

相互信任的團隊能獲得成功。成功的團隊有一個重要的特徵，就是團隊成員之間的相互信任，團隊會因信任而繁榮。領導信任團隊成員，把工作交給他們，能調動團隊成員的積極性和主動性，從而獲得事業上的成功。相反，一個領導對手下不信任，凡事親力親為，不但給人不信任自己的感覺，更影響了員工做事情的積極性。任何一個團隊，成員只要團結一致，互相信任，互相幫助，大家心往一處想，勁往一處使，就更容易克服困難，解決問題，從而無往而不勝。

> ### 小叮嚀
> 信任的細節：
>
> 1. 信任他人能讓他人感受到被人信任的幸福，也可以幫助我們少走一些彎路；但信任不是盲目地相信，不是沒有考慮實際情況就言聽計從。在生活中我們需要信任，更需要謹慎。只有恰到好處的信任，才能讓我們真正受益。
> 2. 信任真心關心自己的人，如父母、老師、同學；同樣，要用自己的行為換取他人對自己的信任，這樣才能獲得真正的幸福。

# 講個《朋友和蘋果》的故事

真正的朋友是以心交心的，如果朋友之間沒有信任，那談不上是朋友。與人交流，做一個誠信的人，同樣也試著去相信值得信任的人，這樣，我們的生活才能充滿安全感 ——

有兩個人非常要好，彼此不分你我。一日，他們走進沙漠裡，乾渴威脅著他們的生命。上帝為了考驗他們倆的友情，就對他們說：「前面的樹上有兩個蘋果，一大一小，吃了大的就能平安地走出沙漠！」

兩人聽了，都讓對方吃那個大的，堅持自己吃小的。爭執到最後，誰也沒有說服誰，便都在極度勞累中迷迷糊糊地睡著了。不知過了多長時間，其中一個突然醒來，卻發現他的朋友早向前走了。他急忙走到那棵樹下，摘下蘋果一看，蘋果很小很小。他頓時覺得朋友欺騙了自己，非常失望與氣憤。

懷著上當受騙的心情，這個人繼續往前走去。

突然，他發現朋友在前面昏倒了，便毫不猶豫地跑過去，小心翼翼地將朋友輕輕抱了起來。

這時，他驚異地發現：朋友的手中緊緊地攥著一個蘋果，而那個蘋果比自己手中還要小得多。他為自己對朋友的不信任感到羞愧極了！

後來，在兩個人互相鼓勵、支援下，他們一起走出了沙漠。

孩子，真金不怕火煉，真正的友情是經得起考驗的。朋友

之間要相互信任，很多友情都毀於懷疑和猜忌，這是非常可惜的。只有彼此信任的朋友，才能擁有真正的友情。

# 備選故事任你挑

　　信任不是言聽計從，沒有主見；不是什麼人都信任，沒有頭腦。要讓孩子學會判斷，信任該信任的人。為了能讓孩子更好地借鑒他人的經驗，編者為孩子選編了如下幾個故事，適合家長在特定的場合下給予孩子「信任」教育。希望孩子能因此更加懂得明辨是非，更懂得運用「信任」。

## ▌被人相信是一種幸福

　　被人信任是一種幸福，可惜並不是所有的人都可以享受到這樣的幸福。所以，我們應該讓孩子明白，只有做到不失信於人，才能被他人信任。

　　如果你的孩子無法明白被他人信任的好處，不妨給孩子講講這個故事 ——

　　　　一艘貨輪在煙波浩渺的大西洋上行駛，一個在船尾搞勤雜的黑人小孩不慎掉進了波濤滾滾的大西洋裡。孩子大喊救命，無奈風大浪急，船上的人誰也沒有聽見。

　　　　求生的本能使孩子在冰冷的海裡拚命地游，他用全身的力氣揮動著瘦小的雙臂，努力把頭伸出水面。

船越行越遠，正當他想放棄的時候，他想起了慈祥的老船長。

「不，船長一定會來救我的！」想到這裡，孩子鼓足勇氣用生命的最後力量又朝前游去⋯⋯

船長發現那黑人小孩失蹤後，立即下令返航回去找。這時，有人規勸：「這麼長時間了，就是沒有被淹死，也讓鯊魚吃了⋯⋯」

又有人說：「為一個黑奴孩子，值得嗎？」

是呀，值得嗎？船長猶豫了。最後還是決定回去找。

就在孩子即將下沉的那一刻，船長趕到了，救起了孩子。

當孩子蘇醒過來之後，跪在地上感謝船長。

「孩子，你怎麼能堅持這麼久啊！」

孩子回答：「因為我知道你會來救我的，一定會的！」

「你知道我一定會來救你？」

「因為我知道你是值得信任的人！」

船長欣慰地望著一臉倦容的孩子，他是多麼慶倖自己沒有辜負了孩子的信任呀！

在這篇故事中，堅信他人的信念使孩子最終獲得了新生。如果孩子當時不對他人抱有任何希望，最終即便船長回來救他，他早已葬身海底。而身為船長，無疑是一個最幸福的人，他被他人深深信賴，恰好反映了他的人格魅力！而要想得到他人信賴，就必須做值得別人信賴的事情！

## 信任是一扇不上鎖的門

有一個年輕人流落到一個城市，飢寒交迫使他萌生了邪念。他準備向街上的一戶行竊。為了試探一下屋內是否有人，他按響了門鈴。沒有人回答，他心中竊喜，正想破門而入，屋裡突然傳來了一個蒼老的聲音：「門沒有鎖，進來吧。」

這年輕人瞬間有些沮喪了，他只好硬著頭皮進去了。「我只要討杯水喝，渴死了。」他急中生智撒謊道。「自己去倒吧！」老人轉過頭來回答道。忽然，他看到了老人那空洞的雙眼——他是一個瞎子。

「真是天助我也，第一次行竊就碰到這麼好的機會。」他高興地想。並迅速在室內掃描。很快，他發現了枕下的一逻錢，足有 1,000 元。

他正想走出房子，老人又對他說：「路上可能還會渴，抽屜裡有兩個蘋果，帶到路上吃吧！」他一愣，回過頭來說：「老爺爺，您就不怕我是壞人嗎？」

「呵呵！」老人笑道，「我在這兒十幾年了，沒有碰到一個壞人，況且我能感覺到你內心是善良的，絕對不可能是壞人。」

頓時，年輕人感覺到老人的信任仿佛是一面明晃晃的鏡子，一下子讓他映照到了自己的醜惡。於是，他悄悄把錢放回去，謝過老人走了。從此他走上了光明的道路。

信任是一扇永不上鎖的門，它的敞亮與通達能夠折射出美

好的靈魂，讓他人因為信任而得到充分的發展。故事中的老
人眼瞎卻心明，正是他不設防的信任挽救了年輕人即將墮落
的心！

## ▍朋友間的信任

　　西元前 4 世紀，義大利一個名叫皮斯阿司的年輕人觸犯了
國王，被判絞刑，在某個法定的日子要被處死。

　　皮斯阿司是個孝子，在臨死之前，他希望能與遠在百里之
外的母親見最後一面，以表達他對母親的歉意，因為他無法為
母親養老送終了。他的這一要求被告知了國王。

　　國王被他的孝心打動了，決定讓皮斯阿司回家與母親相
見，但條件是皮斯阿司必須找一個人來替他坐牢，否則他的這
一願望只能是鏡中花、水中月。這是一個看似簡單其實近乎不
可能實現的條件。有誰肯冒著被殺頭的危險替別人坐牢呢？這
不是自尋死路嗎？但還真有人不怕死，而且真的替別人坐牢，
他就是皮斯阿司的朋友 —— 達蒙。

　　達蒙住進牢房以後，皮斯阿司回家與母親訣別。人們都靜
靜地關注著事態的發展。日子一天天過去了，可皮斯阿司一去
不復返。眼看刑期在即，皮斯阿司還是沒有回來的跡象。人們
一時間議論紛紛，都說達蒙上了皮斯阿司的當。

　　行刑日是個雨天，當達蒙被押赴刑場時，圍觀的人都在笑
他的愚蠢。幸災樂禍的人大有人在，但刑車上的達蒙，不但面

無懼色，反而有一種慷慨赴死的豪情。

追魂炮被點燃了，絞索也已經掛在達蒙的脖子上。膽小的人嚇得緊閉了雙眼，他們在內心深處為達蒙深深地惋惜，並痛恨那個出賣朋友的小人皮斯阿司。

但是，就在這千鈞一髮之際，在淋漓的風雨中，皮斯阿司飛奔而來，他高喊著：「我回來了！我回來了！」

這真是人世間最最感人的一幕，大多數人都以為自己在夢中，但事實不容懷疑。這個消息宛如長了翅膀，很快便傳到了國王的耳中。國王聞聽此言，也以為這是痴人說夢。

國王親自趕到刑場，他要親眼看一看自己優秀的子民。最終，國王萬分喜悅地為皮斯阿司鬆了綁，並親口赦免了他的罪行。

能夠做到充分地信任朋友，是因為了解自己的朋友，相信他的品格。而一個能夠充分相信他人的人，並非是愚蠢的，因為如果朋友因此失信於自己，那只能說明朋友的人格問題，而非自己的過失！

## ▎相信我，就將手放開

很多人都有好猜疑的毛病。因為互相猜疑，人與人之間心的距離越來越遠；也因為猜疑，錯失了許多成功的機遇。如果你的孩子總是猶疑不定，不妨找個機會給他講一講以下的故事。也許，這個故事能幫助他克服「好猜疑」的毛病——

## 第十二章　相互信任是交流的前提

　　有個青年，住在山頂上，每天下班，他都要走一點崎嶇的小路才能抵達家門。

　　有一天，工廠趕工，下班後已經是半夜了。因為天黑，看不清路面。當他走到那段小路的時候，突然狂風大作，烏雲密布，眼看就要下大雨了。由於擔心被雨淋溼了，他便加快步伐。因為走得太快了，他腳下一滑，竟掉進了一個大洞裡……

　　在這千鈞一髮的時刻，他抓住了一根樹枝而沒有摔下去。那青年往下看，可因為天太黑，他根本看不清洞底，更不知道這洞到底有多深。為了活命，他只好緊緊抓住樹枝不放。同時也不管有沒有人，就大聲呼喊起來「救命呀！救命呀！」他想，只要有人經過，一定能聽到他的聲音吧！

　　突然，有一個蒼老的聲音傳了下來，那個聲音說：「年輕人，是不是你在喊救命呀？」

　　「是呀，求求你，救救我，不然我就支撐不住了！掉下去我就沒命了！」

　　「年輕人，你要是相信我的話，就放開手吧！」

　　那位年輕人一聽，可生氣了，他大聲吼道：「你這老妖怪，不救我反倒要我去送命，你真的是喪盡天良了！」

　　老人一聽，頭也不回地走了！

　　這時，由於身體太重。又扯得太久，樹枝折斷了！他心想，這下可完了！可還沒等他叫出口，腳便落在了堅實的地上。

天亮了，他才發現落地的地方實際離樹枝的距離很近！

孩子，很多時候，我們總是很難相信陌生人，總以為對方或許對自己有什麼不良的企圖，是不是想加害於我們。事實上，大多數人還是值得信任的。試著信任別人，能讓我們少走許多彎路！

## 該不該相信

有些孩子對他人缺乏信任感，對生活缺乏安全感。因為缺乏信任，所以總陷於猶疑不定的情緒當中。如果你的孩子同樣是一個對他人缺乏信任感，對生活缺乏安全感的孩子，不妨給他們講講《該不該相信》的故事──

石油大王約翰‧戴維森‧洛克斐勒，是美國 19 世紀的三大富翁之一，最輝煌的時期曾掌握全美煉油業 95％的市占率，一生賺了幾十億美元。

他的兒子是個生性多疑的孩子。為了讓孩子改掉這個毛病，洛克斐勒想了個好辦法。

有一天，父子倆在儲藏室收拾東西，父親讓孩子爬上一個高高的架子。孩子說：「我上去了，你把梯子抽走，我就下不來了。」

父親說：「放心吧！兒子，相信我。」

孩子爬上去後，洛克斐勒把梯子抽走了。兒子說：「您為什麼騙我？」

## 第十二章　相互信任是交流的前提

父親說：「我要讓你記住，一切要靠自己，不要指望任何承諾，自己跳下來吧！」

孩子躊躇再三，閉著眼，流著淚往下跳，帶著一肚子的委屈和仇恨。洛克斐勒張開雙臂把孩子穩穩地接在懷裡。孩子詫異地睜開眼睛，父親撫摸兒子柔軟的頭髮，柔聲說：「我要你記住，這世上如果連父親都不能相信，還能相信誰呢？」

正是由於老洛克斐勒的教子有方，才使得「富不過三代」傳言失靈。洛克斐勒家族至今已經「富過六代」了，在美國可以說是「家喻戶曉，婦孺皆知」。

做任何事情，信任是前提。身為父母，充分信任孩子，能讓孩子有充分的機會表現自我，從而交出驕人的答卷；身為朋友，充分信任他人，能夠予人以尊重的感覺，從而內心對你充滿敬重與感激。人與人之間，因為有信任方能消除隔閡，變得越來越默契！

## ▍兩隻烏龜

大烏龜和小烏龜在一起喝可樂。大烏龜喝完自己的一份後，就對小烏龜說：「你去外面幫我拿一下可樂。」

小烏龜剛走兩步就不走了，回頭說：「你肯定會在我出去後把我的可樂喝掉！」

「這怎麼可能呢？你是在幫助我啊！」

經大烏龜一再保證，小烏龜同意了。

一個小時過後，大烏龜耐心地等著……

兩個小時過去了，小烏龜還沒有來……

三個小時過去了，小烏龜仍然沒有回來。

這時，大烏龜想：「小烏龜肯定不會回來了。牠一個人在外面喝可樂。怎麼會回來呢？我乾脆把牠這一份喝了！」

大烏龜端起小烏龜的可樂，剛要喝，門砰的一聲開了。

「住手！」

小烏龜就像從天而降，站在大烏龜面前，氣衝衝地說：「我早就知道，你要喝我可樂！」

「你怎麼會知道？」大烏龜尷尬而不解地問。

「哼！」小烏龜氣憤地說：「我在門外已經站了3個小時了！」

看完這個故事，在哈哈大笑之餘，我們不能不深思。如果我們連起碼的信任都不給予他人，又怎麼能贏得他人的信任呢？

信任是一種雙向的行為，要想做到互相信任，首先就要從自己做起，信任對方，否則，信任就永遠也無法付諸行動。

## ▎信任

有一個勞改犯，在外出修路的過程中，在路上撿到了一千元錢，他不假思索地把它交給監管員警。可是，監管員警卻輕蔑地對他說：「你別來這一套，把自己的錢變著花樣賄賂我，想換減刑資本，你們這號人就是不老實。」犯人萬念俱灰，心想這世界上再也不會有人相信他了。晚上，他越獄了。

在亡命的途中，他四處劫取錢財，準備外逃。在搶得足夠的錢財後，他乘上開往邊境的火車。火車上很擠，他只好站在廁所旁。這時，有一位十分漂亮的女孩走進廁所，關門時卻發現門壞了。她走出來，輕聲對他說：「先生，您能為我把門嗎？」

他一愣，看著女孩純潔無邪的眼神，點點頭。女孩紅著臉進了廁所。而他像一個忠誠的衛士一樣，嚴嚴守著門。

在這一剎那間，他突然改變了主意。在下一站，他下車了，到車站派出所投案自首。

信任是一種彌足珍貴的東西，沒有人能夠用金錢買得到，也沒有人可以用利誘或武力爭取到，它來自內心的一種堅定，能改變人的一生。

## 給家長的悄悄話

對他人缺乏信任的孩子通常有這樣的表現：首先，他們不信任自己的能力，往往看不到自己的優點，對自己所做的事情猶疑不定，這導致孩子性格上的猶豫與懦弱；其次，他們對他人缺乏信任，總擔心他人對自己不滿意，或者擔心他人把事情搞砸了；對他人缺乏信任感的孩子還可能因為對他人的不信任變得更加憂鬱、內向，充滿了自卑感，怯於與他人交流。這些現象很大程度上影響了孩子的身心健康，導致孩子缺乏安全感。對他人不信任的原因可能有如下幾個方面：

- 特殊的家庭背景，導致孩子對他人缺乏信任感。如一些孩子的父母離異，孩子從小就生活在缺乏安全感的環境中，對周遭的人也缺乏了起碼的信任。

- 缺乏歷練，跟他人的交流不深入，所以，不了解他人，更不能很好地了解自己。加之許多父母常把「害人之心不可有，防人之心不可無」掛在嘴邊，讓孩子產生了人際交流的恐懼，所以很難與他人坦誠相對。

- 父母不信任孩子，也可能導致孩子無法信任他人。如一些父母對孩子的能力總是抱一種懷疑的態度。認為這件事情孩子現在還沒有能力做，等他大了才能做；那件事情孩子做不好，我們自己做可能更放心。這些「包辦」與「不信任」致使孩子不但不信任自己，還因此不信任別人：「哼，我都幹不好，你能幹好嗎？」

其實，孩子從懂事開始便有了自己的思想。就跟成人一樣，渴望被理解、被尊重以及被信任。如果孩子從小就生活在一個缺乏安全感，不被信任的環境中，很容易變得沒有主見，害怕與人交流，從而失去應有的朝氣與活力。

平等地交流能讓孩子變得自信且信人

在家庭教育中，父母的信任可以使子女感到他們與父母處於平等的地位，從而對父母更加尊重、敬愛，更加親近、服從，心裡話樂於向父母傾吐。這既增進了父母對子女內心世

界的了解，又使父母教育子女更能有的放矢，進而產生更好的效果。反之，若父母對孩子持不信任或不夠信任的態度，就無法了解孩子的願望和要求，孩子的自尊心和自信心必然會因此而受到傷害，他們對父母的信賴也勢必減弱。這樣，家庭教育的效果也會相應減弱。所以，父母應該信任孩子，做他們的朋友，從而更有利於教育好孩子。

李昕的兒子，被她視為掌上明珠。都十歲了，李昕從來不肯撒手讓其獨行，甚至離家幾步之遙的地方都不讓他獨去。李昕的顧慮較多：怕孩子過馬路時讓車碰著，遇到突發事件不會處理等。孩子有幾次掙脫李昕的手，想獨立完成自己的事，都被她硬給拽回來了，孩子眼中含滿了淚水。之所以這樣，是對孩子處理這些事情的能力缺少信任，確切地說，是對孩子本身缺少一種信任。

有一次，孩子想自己上中央書店看書，李昕沒有答應。孩子非常正式地跟她說：「媽媽給我一次機會，信任我吧，我肯定沒有問題。」面對孩子近似祈求的語氣，李昕決定給孩子以信任。

兩個小時後，孩子高高興興地從書店出來了，一臉的驕傲與自豪。從這以後，孩子能自己處理的問題，李昕就放手讓他去做，有時還把一些重要的事情交給孩子辦，孩子完成得都還不錯。孩子也感覺到了李昕對他的信任，變得懂事多了，還告訴她很多知心話，儼然把她當成一個好朋友。

　　一位家庭教育專家曾指出，教育的奧祕在於堅信孩子「行」。每個孩子心靈深處最強烈的需求和成人一樣，就是渴望受到賞識和肯定。父母要自始至終給孩子前進的信心和力量，哪怕是一次不經意的表揚，一個小小的鼓勵，都會讓孩子激動好長時間，甚至會改變整個面貌。家長應該從對孩子的信任出發，培養孩子們的積極性，讓孩子在別人的鼓勵和信任中不斷地進步。

## 培養家庭成員之間的信任感是家長應該做到的

- 敞開心扉。家庭成員之間應該多溝通多交流，說說彼此之間的期望與共同的目標，家長首先要做到說道做到，讓孩子有可以效仿的對象。此外，孩子因為家長的守信，從而對他人產生信任感。

- 給孩子營造一個和諧的家庭環境，讓孩子從小就充滿了幸福感和安全感。和諧的家庭環境不但有助於孩子的身心健康發展，還有利於孩子的人際交流。如果父母的感情到了無法挽回的程度，也應該跟孩子交流，大人的感情出問題，不等於父母對他們的愛就貶值了，讓孩子依然能夠感受到愛的溫暖。

- 信任孩子，給孩子鍛練的機會。家長要放手讓孩子做自己的事情，這樣孩子才能逐漸相信自己的能力，產生強烈的責任心和自信心。有利於孩子今後的發展。

第十二章　相互信任是交流的前提

## ▎父母應注意的教育細節

- **正確對待孩子的缺點**：當孩子有了錯誤時，不要用偏激的言辭去斥責，而要循循善誘，曉之以理，和孩子一起分析事情的來龍去脈，指出孩子犯錯的原因以及造成的危害，然後，幫助孩子改正錯誤。一生中不犯錯的人是沒有的，特別是人生觀和道德觀正在形成中的孩子，有缺點、犯錯誤的可能性更大。做父母的要充分理解他們，信任他們，引導他們正確對待錯誤。

- **對孩子寬嚴相濟**：要做孩子的朋友，既對孩子嚴格要求，善於從日常生活中發現問題，隨時給孩子引導和指引；又把孩子作為平等的夥伴，與孩子一起讀書一起玩，尊重孩子的一切；還要給孩子確實到位的幫助，讓孩子心裡踏實，心理安全，健康長大。

## 親子加油站

一個人要發現自身的價值，通常需要他人的信任。尤其是孩子，他們渴望自己的能力被發現，自己的行為被信任，希望大人能夠對他們充滿信心，因為大人對他們的充分信任，孩子才能更好地表現自己。

同時，家長要教育孩子信任自己身邊的人，一個不相信他人的人，總是提心吊膽，活得戰戰兢兢，這樣的生活只會讓自己活得越來越艱辛。只有學會信任，將心比心，就能贏得更多的信任和友情。

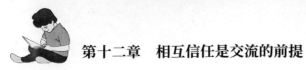

第十二章　相互信任是交流的前提

# 第十三章 有效溝通，人際才能暢通

　　當今社會是一個人際往來的社會，人與人交流的基礎是溝通，溝通能力的優劣對孩子的身心健康與今後的發展有著舉足輕重的影響。

　　為人父母，我們最關心的就是自己的孩子能不能很好地融入集體和社會，能不能與人很好地溝通和交流。所以，培養孩子的溝通能力非常重要。一個善於溝通的孩子能讓自己的成功之路變得更加順暢：而一個膽小內向、不善於與人溝通，不善於表達自己的想法的孩子難免要多走一些彎路才能到達目標。

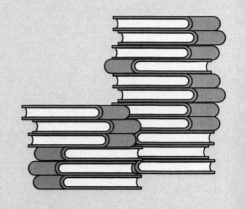

# 善於溝通的孩子有魅力

溝通是人與人之間彼此了解的最好方式，良好的溝通是創造和諧環境的前提條件，它不但能夠化解不同人的衝突，創造和諧的人際關係，還能夠讓人們在溝通的過程中，情感得到舒解，思想得到交流。因為真誠、有效的溝通，誤會消除了，怨恨淡化了，憂愁消散了，無謂的爭執避免了，快樂與人分享了。所以說，良好的溝通能力架起了人際交流的橋梁！

良好的溝通能力對個人的生活有著重要的意義，對於孩子的成長而言更是大有裨益。善於溝通的孩子，相對其他孩子來說更有魅力！

良好的溝通能力能夠提升孩子的自信。在與人溝通、交流的過程中，孩子慢慢意識到自己的能力，體驗到自身的魅力。他們的自我意識在他人的認可中慢慢建立起來，變得越來越自信。因為善於溝通，孩子還可能排除孤獨感和脆弱心理，克服憤怒、恐懼、害羞等有害情緒，變得越來越擅長交際、理解他人、善解人意。也因此為他人所喜歡。相反地，一個孩子如果不喜歡與人交流，不擅長溝通、交流，就會因為困惑變得越來越自閉，他們無法公正地評價自己，更無法很好地與人交際，導致自尊心受損，自信心不足。

良好的溝通能力，能融洽孩子與他人的關係，減輕孩子的心理壓力。在與人溝通的過程中，孩子在了解他人，讓他人了

解的同時，逐漸邁出了自己的「狹窄個人天地」，不再孤獨、壓抑；他們能從與人交流中找到生活的樂趣。不會溝通的孩子，因為心情無人疏導，只會變得越來越孤獨、壓抑！他們會覺得沒有人了解自己！

良好的溝通能力，是孩子學得新知識的基礎。對於孩子今後事業的發展而言，良好的溝通能力同樣有極大的幫助。有效的溝通，能節省時間和精力，減少重複勞動，提高生產效率。相反，缺乏溝通，只會讓孩子在工作的過程中四處碰壁。

所以，為人父母，我們一定要教孩子學會與別人溝通，只有透過恰當的溝通，孩子才能夠融入新的環境當中，只有透過溝通，孩子才能夠從別人身上學到更多的知識，進而更快地成長。

**小叮嚀**

你的孩子善於溝通嗎？

1. 當需求得不到滿足時，孩子是用什麼方式解決的？是哭鬧不止，用任性的方式解決，還是透過跟家長協商從而達到自己的目標呢？如果孩子有協商、溝通的能力，家長千萬不要中途阻斷，沒有辦法達成孩子的願望，一定要講明自己的理由，讓孩子明白自己的溝通是有效的，只是暫時沒有辦法實現而已。這樣，孩子才會樂於與你交流、溝通。

2. 遇到問題的時候，孩子是怎麼做的？是求助於他人，還是膽小、羞怯，怕別人取笑自己呢？如果孩子求助於你，千萬別拒絕，也不要一併包攬。比較簡單的問題，幫孩子分析後，讓他們自己解決；難的就跟孩子一起動腦、思考。讓孩子知道，有些事情自己可以做，有些事情可以借助他人的力量。如果孩子總不愛與人溝通，不會的也不去求教，這將妨礙到孩子學習新知識。這時，家長就應該給予必要引導。

3. 有心事怎麼辦？當孩子有心事的時候，會選擇與你或者其他人溝通，還是悶在心裡，悶悶不樂？身為家長，是孩子最直接的朋友，應該多觀察孩子，發現他們的情緒問題。讓孩子明白，自己就是他最可信任的人，有什麼心事可以告訴家長。

# 從《獅子和老虎的戰爭》談起

生活中常有這樣的孩子，他們話不多，不喜歡跟他人交談，也不知道該怎樣與人溝通交流。有什麼事情就憋在自己心裡，總是一副悶悶不樂「小老太」的模樣。針對這些不喜歡與人溝通的孩子，家長可以用以下的故事開導他們，使其解開自己的心結 ——

獅子和老虎之間爆發了一場激烈的戰爭，到了最後兩敗俱傷。

獅子快要斷氣的時候對老虎說：「如果不是你非要搶我的地盤，我們也不會弄成現在這樣。」

這個時候，老虎也已經奄奄一息了，牠吃驚地睜大眼睛說：「天哪，我從未想過要搶你的地盤，我一直以為是你要侵略我呢！」

說完這些話，獅子和老虎先後遺憾地閉上了牠們的眼睛！

生活當中有太多這樣的例子，因為缺乏溝通，導致兩敗俱傷的境地！如果能多些溝通，也許還能化干戈為玉帛，成為好朋友。所以說，溝通非常重要！

溝通能化解誤會，而缺乏溝通，只會導致矛盾越來越深。生活中，我們需要溝通；與他人相處，我們也需要溝通；在工作上，我們同樣需要溝通。相互溝通，是人與人互相了解的關鍵要素。沒有溝通，不可能有信任。

# 備選故事任你挑

專家研究發現，在孩子當中，因不善於溝通造成人際關係緊張的人有很多。這些孩子經常與他人發生矛盾，有了問題不知道該怎麼解決，受到委屈，只會哭鬧，卻不懂得透過溝通的方式讓他人了解自己。嚴重者甚至產生人際交流的恐懼症，造成心理障礙。因此，讓孩子學會溝通很重要。

## ▎溝通才有天堂

有一些孩子，總喜歡埋頭做自己的事情。不喜歡與同學交流、不喜歡與老師溝通；別人做什麼他不知道，他在想什麼別人更不知道。這樣的孩子即便深陷困境也無人支援，他們的處境是可悲的。如果你的孩子同樣是一個不善於與人溝通的孩子，不妨給他講講《溝通才有天堂》這一故事 ──

有一次。上帝問一隻被囚禁在籠子中的畫眉：「你願意到天堂中去生活嗎？」

「為什麼要到那裡呢？」畫眉問。

「因為天堂寬敞明亮，不愁吃喝。」上帝回答。

「可我現在也很好啊！我吃喝拉撒，全由主人包辦。風不吹頭，雨不打臉。還能天天聽見主人說話、唱歌。」畫眉回答。

「可是，你自由嗎？」聽了上帝的話，畫眉沉默了。

於是，上帝以勝利者的姿態把畫眉帶到了天堂。他把畫眉

安置在翡翠宮裡住下，便忙著處理各種事務去了。

　　一年後。上帝突然想起了畫眉，便去翡翠宮看望牠。他問畫眉：「我的孩子，你過得還好嗎？」

　　畫眉答道：「感謝上帝，我活得不好。」

　　「那麼，你能談談在天堂裡生活的感受嗎？」上帝真誠地問牠。

　　畫眉長嘆一聲說：「唉，這裡什麼都好，只是沒有人和我說話，使我無法忍受。您還是讓我回到人間吧。」

　　聽了這話。上帝不禁大為感慨；於是，他再次把畫眉帶回了人間。

　　溝通是重要的，缺乏溝通只會產生錯誤。如果上帝不跟畫眉溝通，又怎麼能知道牠不快樂呢？如果畫眉沒有嘗到孤獨的滋味，又怎麼能知道與人溝通的重要呢？人與人之間，因為有了溝通，才有了理解；有了溝通，才能讓自己免於孤獨！如果與世隔絕，即便生活在天堂裡，一樣找不到幸福的感覺！

## ▍公主的月亮

　　一個小公主病了，她嬌憨地告訴國王，如果她能擁有月亮，病一定會好。國王立刻召集全國的聰明智士，要他們想辦法拿月亮。

　　總理大臣說：「它遠在三萬五千裡外，比公主的房間還大，而且是由熔化的銅鑄成的。」

魔法師說：「它有十五萬里遠，用綠乳酪做成，而且整整是皇宮的兩倍大。」

　　數學家說：「月亮遠在三萬裡外，又圓又平像個錢幣，有半個王國大，還被黏在天上，不可能有人能拿下它。」

　　國王又煩又氣，只好叫宮廷小丑來彈琴給他解悶。小丑問明一切後，得到了一個結論：如果這些有學問的人說得都對，那麼月亮的大小一定和每個人想的一樣大、一樣遠。所以當務之急便是要弄清楚小公主心目中的月亮到底有多大、多遠。

　　於是，小丑到公主房裡探望公主，並順口問公主：「月亮有多大？」

　　「大概比我拇指的指甲小一點吧！因為我只要把拇指的指甲對著月亮就可以把它遮住了。」公主說，「不會比窗外的那棵大樹高！因為有時候它會卡在樹梢間。」

　　「用什麼做的呢？」

　　「當然是金子！」公主斬釘截鐵地回答。

　　比拇指指甲還要小、比樹還要矮，用金子做的月亮當然容易拿到啦！小丑立刻找金匠打了個小月亮、穿上金鍊子，給公主當項鍊，公主好高興，第二天病就好了。

　　沒有溝通與了解，就不可能知道他人真正的需求。如果我們不去關注他人真實的需求，而只是按照自己的意願做事情，不論多麼努力，效果總是不好的。而溝通才是了解他人心理的最好方法。

## 耕柱與墨子

春秋戰國時期，耕柱是一代宗師墨子的得意門生，不過，他老是挨墨子的責罵。

有一次，墨子又責備了耕柱，耕柱覺得自己非常委屈，因為在許多門生之中，自己是被公認最優秀的人。但又偏偏常遭到墨子指責，這讓他感覺很沒面子。

一天，耕柱憤憤不平地問墨子：「老師，難道在這麼多學生當中，我竟是如此的差勁，以至於要時常遭您老人家責罵嗎？」

墨子聽後反問道：「假設我現在要上太行山，依你看，我應該要用良馬來拉車，還是用老牛來拖車？」

耕柱回答說：「再笨的人也知道要用良馬來拉車。」

墨子又問：「那麼，為什麼不用老牛拉車呢？」

耕柱回答說：「理由非常簡單，因為良馬足以擔負重任，值得驅遣。」

墨子說：「你答得一點也沒有錯。我之所以時常責罵你，也只因為你能夠擔負重任，值得我一再地教導與匡正你。」

耕柱與墨子間簡單的對話是一種溝通，而有效溝通是心靈的潤滑劑。他能促進人與人之間的感情交流。耕柱如果與墨子沒有進行有效溝通，不理解墨子透過磨練對他的栽培提攜之意，很可能就認為是老師對他有意刁難。「憤憤不平」中很可

能就做出違背老師本意以及不利於團隊的事情，可以看出有效溝通是多麼重要。

## 秀才買木柴

有一個秀才去買木柴，他對賣木柴的人說：「荷薪者過來！」

賣木柴的人聽不懂「荷薪者」就是擔柴人的意思，但是聽得懂「過來」兩個字，於是把木柴擔到秀才前面。

秀才問他：「其價如何？」

賣木柴的人不太理解他整句話的意思，但是聽得懂「價」這個字，於是就告訴秀才柴火的價錢。

秀才接著說：「外實而內虛，煙多而焰少，請損之。」意思是你的木柴外表是乾的，裡頭卻是溼的，燃燒起來，會濃煙多而火焰小，請減些價錢吧！賣木柴的人聽得一頭霧水，老半天沒有反應過來。於是就憤憤然挑起木柴走了！

這是為什麼呢？是因為秀才說的話文縐縐的，賣木柴的人聽不懂才造成這樣的結果。所以，在我們的日常生活中，我們應該用對方聽得懂的語言進行溝通，這是溝通成功的保障。

## 教授的西裝褲

一些孩子做起事來莽莽撞撞，似乎很用心，卻難免會鬧出一些笑話。以下的小故事就是用來告誡那些做事不事先了解情況、不善於與人溝通的孩子的──

　　一位教授精心準備一個重要會議上的演講，會議的規格之高、規模之大都是他平生第一次遇到的。全家都為教授的這一次露臉而激動，為此，老婆專門為他選購了一身西裝。

　　晚飯時，老婆問西裝合身嗎，教授說上身很好，褲腿長了兩公分，倒是能穿，影響不大。

　　晚上教授早早就睡了。老媽卻睡不著，思索著兒子這麼隆重的演講，西裝褲長了怎麼能行，反正人老了也沒瞌睡，就翻身下床，把西裝的褲腿剪掉兩公分，縫好燙平，然後安心地入睡了。

　　早上五點半，老婆睡醒了，因為家有大事，所以起來比往常早些。想起老公西裝褲的事，心想時間還來得及，便拿來西裝褲又剪掉兩公分，縫好燙平，愜意的去做早餐了。

　　一會，女兒也早早起床了，看媽媽的早餐還沒有做好，就想起爸爸西裝褲的事情，尋思自己也能為爸爸做點事情了，便拿來西褲，再剪短兩公分，縫好燙平……

　　這件褲子還能不能穿？

　　聽了這個故事，也許你會捧腹大笑，竟然有這樣的事情發生。實際上這樣的事情並不可笑。不了解情況就盲目做事的大有人在。這期間，因為缺乏溝通，反而會做出一些無用功來。所以，在做一件事情以前，一定要先了解具體情況再做！

## ▎女孩與花的私語

　　一個小女孩站在花叢中，正扶著花枝，歪著腦袋，煞有介事地對花私語。詩人走過去，靠近她，蹲下去，問：「妳在說些

什麼呀？」

女孩道：「我說，花朵你好漂亮啊！」

「花朵能聽到妳的話嗎？」

「能的。」小女孩很自信，「只要靠近它，它就能聽到你說的話。」隨後，她又機靈地說：「你對我說話時，不也是蹲下來，靠近我的嗎？」

孩子的天真，讓詩人不禁笑了起來。但詩人並不懷疑女孩所說的真實性。詩人相信女孩與花的心靈是相通的，相信女孩對「距離」的認知。

詩人牽著可愛的女孩，默默地走上回家的路。此時，女孩剛才的一番話仍縈繞於心，讓詩人心生感觸。

要求得到人與人之間的理解和溝通，你就得首先用心貼近他人，縮短人與人心靈間的距離。只要用心交流，你也能聽到花的細語。

## 給家長的悄悄話

專家研究發現，在孩子當中，因不善於溝通造成人際關係緊張的人有很多。這些孩子經常與他人發生矛盾，有了問題不知道怎麼解決，受到委屈，只會哭鬧，卻不懂得透過溝通的方式讓他人了解自己。嚴重者產生人際交流的恐懼症，造成心理障礙。其實，孩子所有的毛病都是在生活中一點一滴養成的。

總結起來可歸納為以下幾個方面 ——

- 在家庭教育中，許多家長雖然在生活上對獨生子女很嬌慣，但並未真正與孩子平等相處，鼓勵孩子自由地表達自己的想法，而更多的是以長輩自居進行說教，使孩子處於一種思想壓抑的狀態。這樣的教育方式導致溝通「單向化」、「簡單化」。由於家庭中良好的親子關係沒有普遍建立起來，這些都造成孩子隨著成長在心理上反而遠離了父母。親子溝通的障礙只會為孩子今後的社交障礙埋下伏筆。

- 家長過於以孩子為中心，孩子的很多無理要求，只要採取又哭又鬧的方式就能得到滿足。這致使孩子以為，哭鬧才是有效的溝通方式。這樣的「愛」也妨礙了孩子溝通能力的發展。

- 家長過於嚴厲，不正確的溝通方式也可能導致孩子出現人際溝通障礙。與溺愛孩子的家長相反，一些家長對於孩子的教育過於嚴厲。孩子一犯錯誤，家長就非打即罵，完全不問原因，更不給孩子「申述」的機會。在這樣的環境中長大的孩子，擅長於用武力解決問題，卻不懂得與人溝通。

- 學校的教育方式也妨礙了孩子溝通能力的形成。在學校教育中，通行的是灌輸式的教育，基本上都是老師講、學生聽，而且多數教師並不喜歡同學提問題，也不太鼓勵學生有自己獨立的思想，造成學生缺乏溝通的主動性。

正因為以上原因，使孩子的社會適應能力普遍發展較緩慢，溝通能力普遍較差。如果無法及時輔導，孩子便逐漸養成孤僻、內向、軟弱怕事、沉默寡言的性格，沒有一般小朋友的天真活潑氣息。

此外，大一點的孩子在人際關係上無法適應，也是溝通不良造成的。主要表現在：

- 不想溝通。多為一些性格內向的人。

- 不善於溝通。缺乏溝通的基本常識和禮節。

- 利己式溝通。因道德品格有缺陷，在溝通中總是為滿足自己的需求。

這些溝通缺陷，也導致孩子人際關係的緊張與不適應。

因此，溝通是必要的，溝通能力的培養，對孩子的將來有舉足輕重的作用！

## 家長應該從幾個方面培養孩子的溝通能力

- 鼓勵孩子表達自己的想法。鼓勵孩子說出他的想法、表達自己的感受。讓別人知道自己在想什麼，是進行溝通的第一步，對於那些羞澀、內向的孩子尤其要如此。鼓勵他們平時多說話，多發表自己的觀點，鼓勵他們與人爭論。

- 家長要學會傾聽並鼓勵孩子多說。三四歲的孩子想像力豐

富，喜歡表達個人的見解，當孩子喋喋不休時，家長要以平等的朋友身分傾聽，並可嘗試從不同角度刺激孩子說話，進而增強孩子的溝通能力。

- 讓孩子置身玩具和童話的世界。玩具和色彩斑斕的繪本是孩子們的兩大寶貝，放手讓他們去玩，去翻看，在玩樂與「讀書」中，加上大人的善意指點，不僅能促進孩子動手動腦的能力，對孩子形成良好的思維，發展語言都是非常重要的。更重要的是，玩具和繪本能夠讓孩子學習到有效的溝通方式。

- 鼓勵以友善的姿態對待別人。在生活中，有些動作表示出攻擊性和不友好，比如叫喊、皺眉和緊握拳頭等；有些動作，比如微笑、握手、擁抱等，則表示出友善的意味。鼓勵孩子多做出一些友善的姿態，而不要總是一副盛氣凌人、高人一等的架勢，那樣的話難免會把朋友都嚇跑。

- 鼓勵孩子多參加集體活動。特立獨行的孩子自然會缺少朋友、溝通能力差，所以，應該鼓勵孩子多參加學校的各種社團活動。興趣小組、公益活動、旅遊、團體性的體育鍛練，都是促進孩子與別人溝通的好途徑。父母應該鼓勵孩子與別的小朋友交流，矛盾也讓其自己解決，這樣，孩子的溝通能力才會在無形中增強。

- 此外，家長還應該教孩子與人溝通的方法。如：

· 努力尋找話題，你可以認真觀察別人的對話，看是如何繼續話題的。

· 學會傾聽，聽聽別人的講述，少說話。學著順著別人的話題說。

· 了解當下比較流行的事或詞，這樣不至於說不上來。並且看看別人平時談什麼。

· 多找能說、好說的人交流，即使你沒話了，但對方話比較多，能繼續話題，對你也有影響，良好的溝通是相互信任的基礎。

## ▎教孩子溝通，家長應該避免如下幾種情況

· 避免不了解情況，就責備孩子，讓孩子產生情感上的牴觸，以至於以後有事情不想與你溝通。

· 當孩子以哭鬧要脅你，要達成自己的要求時，切不可上了孩子的「當」，因為孩子透過這樣的方式讓你妥協後，就會將這樣不良的「索取」方式進行到底。誤以為什麼事情都可以透過「任性」達成，應該引導孩子學會協商，學會溝通。

· 與孩子交流時，應避免高高在上的姿態。如果真想與孩子進行有效的溝通，不妨坐下來，與孩子面對面地交談，多花時間了解孩子的內心想法，幫助孩子走出人際交流的誤區。

## 親子加油站

1. 開誠布公，全方位溝通。開誠布公，與他人坦誠地溝通，就可能帶來信心和信任。因此，坦誠相告能夠拉近你與他人的距離。

2. 直言不諱，和睦待人。說出你的真實感覺，別人會認為你是真誠的、有人情味的，他們會借此了解你的為人，並更加尊敬你，支持你。

3. 感情溝通。人是有感情的，如果雙方感情好，任何事情都好辦；感情不和，就會造成阻力。因此，應重視心理感情的協調，善於運用感情疏通同他人的心理距離。

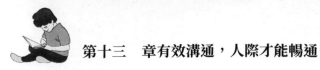

第十三　章有效溝通，人際才能暢通

# 第十四章
## 小心眼的孩子不快樂

　　為人父母，我們都希望自己的孩子有一顆包容人的心，開懷大度，快樂成長。

　　可現實生活當中，卻有這麼一些孩子，他們心眼小，見不得別人好，容不了別人比自己強，也不懂得與人合作。只要有人「得罪」了自己，就耿耿於懷，久久都不肯忘記。因為心裡裝著的事情太多了，他們的內心非常不快樂。這樣的孩子即使再有才能，他的人生道路上也將是荊棘叢生的。為此，培養孩子寬闊的心胸很重要。

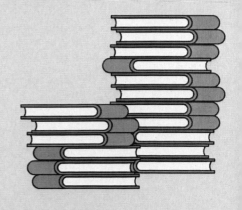

## 小心眼討人厭

　　社會心理學的研究表明，那些在人際交流中頗受好評，很有「人緣」的人一般都樂觀、聰明、有個性、獨立性強、坦誠、有幽默感、為他人著想、心胸寬闊。因為心胸寬闊，為他人所喜歡，不但能收穫到友情，還能獲得成功的機會；而心胸狹窄的人則不然。

　　心胸狹窄、氣量狹小是一種人格缺陷，通常的表現為無法容忍不利於自己的議論和批評，更無法受到絲毫的委屈和無意的傷害。這樣的人喜歡斤斤計較、耿耿於懷；還可能表現出吝嗇小氣，吃不得虧，否則心裡就不平衡等特點。

　　心胸狹窄妨礙到與別人交流，讓他人覺得難以與其相處。他們的心理承受力差，愛嫉妒，難以接受直接或暗示方式的「別人比自己強」的信號，這種人喜歡把心鎖起來，積極的防禦，反常的敏感，不容別人說「錯」半句話。他們的心理素養很差，總喜歡嚴嚴實實地保護自己，為的是不受傷害。稍遇到一點挫折，他們可能就無法接受，痛不欲生。

　　心胸狹窄的人無法理解和支持他人。對於他人的一點有意或者無意的過錯，他們都會揪住不放；對於那些強過自己的人總心懷不滿，認為是他們奪走了自己的榮譽，導致自己不被「賞識」的境遇。

　　心胸狹窄的孩子不但無法與他人好好交流，在他們長大以後，因為「放不開」所以總拘泥於自己的「小圈子」裡，不肯與外界多接觸，這將導致資訊阻塞，可能因此錯失許多可能成功的機遇。更為嚴重的是，因為心胸狹窄，容不得他人的「不好」而心理失衡，可能走上不歸路，這便與家長的期望背道而馳。

　　所以，心胸狹窄的毛病不容忽視。身為家長，我們平時要注意培養孩子寬闊的胸懷，對他人的缺點要能夠寬容，不要因為某人有這個缺點那個毛病，就去鄙視人家、疏遠人家。每個人都有被「冒犯」、「誤解」的時候，如果對此耿耿於懷，心中就會有解不開的「疙瘩」，導致自己不快樂。這是得不償失的。與別人相處時，發生一些小摩擦和不愉快是在所難免的。學會站在別人的角度上考慮問題，可能會更快理解他人，從而諒解他們的行為。如果他人比自己強，就應該多多欣賞別人，讚美別人，從而學習他人的優點，這樣，自己才能有所進步。

　　人的思想和人的體型、體力一樣，有各種各樣的，應該了解別人，理解別人，尊重別人，胸懷開闊、寬容待人，這樣，人際關係就會協調，心裡也就會踏實。

## 小叮嚀

你的孩子心胸開闊嗎？

1. 心胸開闊的孩子「忘性大」。這些孩子通常是前一分鐘哭，後一分鐘就笑了，並不喜歡記仇。面對這樣心胸開闊的孩子，被「瑣碎」所累的家長一樣能獲得好心情。

2. 心胸開闊的孩子喜歡交朋友，他們在家長面前說朋友好的時間多，說他人不好的時間少，因此能贏得他人的喜愛。

3. 心胸開闊的孩子還愛表現。他們不「敏感」，不怕被人嘲笑，總是有一出沒一出地「表演」。讚美的話他們願意聽，批評的話，他們一樣能接受。

如果你的孩子具有以上的特點，那麼恭喜你了，你的孩子相當有潛力，因為他將有更多的精力去做他們喜歡的事！

## 講個《兩隻笨狗熊》的故事

胖胖的占有欲很強，到奶奶家玩的時候，看到堂妹有什麼好玩、好吃的都占為己有。如果奶奶要求胖胖分一點東西給堂妹，胖胖就表現出非常不情願的樣子。奶奶總說：「胖胖是哥哥，哥哥應該多讓著妹妹一點！」但是胖胖卻說奶奶偏心。他總擔心奶奶愛堂妹比愛自己多，奶奶分給堂妹的東西比自己多。堂妹吃飯時，他老是瞅著人家的飯碗不放，擔心堂妹把好東西都吃光了！胖胖的行為，讓爸爸媽媽哭笑不得，讓奶奶更是無奈。

在你家裡是不是也有一個總怕被別人占了便宜的「小胖胖」呢？下面的這個故事，便是胖胖的翻版。不妨讓孩子聽聽 ——

狗熊媽媽有兩個孩子，一個叫大黑，一個叫小黑，牠們長得挺胖，都很笨，是兩隻笨狗熊。

有一天，天氣非常好，兄弟倆手牽手一起出去玩。牠們走著，走著，忽然看見路邊有一塊乾麵包，撿起來聞聞，嘿！噴噴香。可是只有一塊乾麵包，兩隻小狗熊怎麼吃呢？大黑怕小黑多吃一點，小黑也怕大黑多吃一點，這可不好辦呀！

大黑說：「我們分了吃，可要分得公平，我的不能比你的小。」

小黑說：「對，要分得公平，你的不能比我的大。」

兄弟倆正鬧著呢！狐狸大嬸來了，牠看見乾麵包，眼珠骨碌碌一轉，說：「噢，你們是怕分得不公平吧？讓大嬸幫你們分。」

兄弟倆說：「好，好，我們讓狐狸大嬸來分吧。」

狐狸大嬸接過乾麵包，恨不得一口吞下去，可是牠沒有這樣做，牠把乾麵包分成兩塊，兄弟倆一看，連忙叫起來：「不行！不行！一塊大，一塊小。」

狐狸大嬸說：「你們別著急，瞧，這一塊大一點吧！我咬它一口。」狐狸大嬸張開大口咬了一口，兄弟倆一看，又叫起來了：「不行，不行，這塊大的被你咬了一口，又變成小的了。」

狐狸大嬸說：「你們急什麼呀？那塊大的我再咬它一口吧！」說著，狐狸大嬸張開大嘴巴又啊嗚咬了一口，兄弟倆一看，急得叫起來：「那塊大的被你咬一口，又變成小的了。」

狐狸大嬸就這樣這塊咬一口，那塊咬一口，最後，乾麵包只剩下小手指頭那麼一點了。牠把一丁點大的乾麵包分給大黑和小黑，說：「現在兩塊乾麵包都一樣大小了，吃吧！吃得飽飽的。」

大黑和小黑你看看我，我看看你，一句話也說不出來。

你的孩子在聽了這個小故事後，會有什麼反應呢？也許在「噗哧」一笑之間，孩子已經敏感地察覺到了你真正想要表達的意思。如果是這樣的話，你的故事教育法就成功在望了。這個時候，你再告訴孩子，小心眼才會落人陷阱的道理。擔心自己人占便宜，反而會讓居心不良的人占了更多便宜，這是多麼不聰明的表現。這樣的方式，讓孩子更願意接受你的意見，變得更加懂事明理！

# 備選故事任你挑

　　對許多孩子而言，「小心眼」是一個很空泛的字眼，什麼樣的行為是小心眼的表現，孩子並不知道。所以讓孩子認知到哪些行為屬於「小心眼」的表現和「小心眼」可能帶來的危害，能讓孩子逐漸變得大度而富有包容心了。如，過於斤斤計較、怕吃虧、喜歡與別人針鋒相對、容不得別人比自己好、一件事情放在心裡就耿耿於懷，讓自己不快樂等行為，都是「小心眼」的表現，只有放下這些不必要的「小事情」才能讓自己快樂起來，也才能與他人更加融洽地相處。以下的這些備選故事就是圍繞這些方面展開的。相信對教育你的孩子有一些幫助。

## ▌怕吃虧的聖徒

　　與人相處，難免會有分配不均的時候。這種情況下，許多孩子往往覺得不公平，導致心理上的失衡，從而無法很好地與他人相處。如果你的孩子總是憂心忡忡，斤斤計較，過於小心眼，不妨讓孩子聽聽《怕吃虧的聖徒》這個故事——

　　　　有兩個虔誠的聖徒準備到聖山去朝聖。兩人結伴而行，在路上遇到了天使變成的老人。他們問老人，聖山的路該怎麼走呢？

　　　　天使便帶著他們走了一段路程，但因為有事要辦，天使說：「從這裡距離聖山還有十天的腳程，但是很遺憾，我在這十字路口就要和你們分手了。看到你們如此虔誠，我很感動，在分手

第十四章　小心眼的孩子不快樂

前，我要送給你們一個禮物！什麼禮物呢？就是你們當中一個人先許願，他的願望一定會馬上實現；而第二個人，就可以得到那願望的兩倍！」

此時，其中一個教徒心裡一想：「這太棒了，我已經知道我想要許什麼願，但我不要先講，因為如果我先許願，我就吃虧了，他就可以有雙倍的禮物！不行！」

而另外一教徒也自忖：「我怎麼可以先講，讓我的朋友獲得加倍的禮物呢？」

於是，兩位教徒就開始客氣起來，「你先講！你比較年長，你先許願吧！」

「不，應該你先許願！」兩位教徒彼此推來推去，客套地推辭一番後，兩人就開始不耐煩起來，氣氛也變了：「你幹嘛呀？你應該先講啊！為什麼我先講？我才不要呢！」

兩人推辭到最後。其中一人生氣了，大聲說道：「喂，你真是個不識相、不知好歹的人啊！你再不許願的話，我就把你的狗腿打斷，把你掐死！」

另外一人一聽，沒有想到他的朋友居然變臉了，竟然來恐嚇自己！於是想，你這麼無情無意，我也不必對你太有情有義！我沒辦法得到的東西，你也休想得到！

於是，這一教徒乾脆把心一橫，狠心地說道：「好，我先許願！我希望……我的一隻眼睛……瞎掉！」

很快地，這位教徒的一個眼睛瞎掉了，而與他同行的好朋友，也如他所願，成了雙眼都看不見的瞎子了！

兩個瞎子再也不需要謙讓了！

自私是一種可怕的心理，它能摧毀所有美好的東西。因為自私，心眼小，總擔心他人過得比自己好，總擔心他人多占了自己的便宜。為此，邪念就產生了，人與人之間無法再和睦相處。這是一件多麼可悲的事情呀！所以，別在小事情上與人斤斤計較，針鋒相對，要想過得比別人好，需要有開闊的胸懷！

## 互不讓路的兩隻羊

在學校中，一些孩子遇到一點點事情就與其他人針鋒相對，爭強好勝！弄得成天鬱鬱寡歡的，非常不開心。如果你的孩子總把心事放在處理與同學的關係上，對他的成長是非常不利的，家長一定要及時疏導他們。《互不讓路的兩隻羊》就是一個很好的說服例子──

森林中有一條河流，河水湍急，不停地打著漩渦，奔向遠方。河上獨木橋，窄得每次只能容一個人經過。

有一天，東山上的羊想到西山上去採草莓，而西山上的羊想到東山上去採橡果，結果兩隻羊同時上了橋，到了橋中心，彼此擋住了，誰也走不過去。

東山的羊見僵持的時間已很長了，而西山的羊照樣沒有退讓的意思，便冷冷地說道：「喂！你的眼睛是不是長在屁股上了，沒見我要去西山嗎？」

「我看你是乾脆連眼都沒長吧，要不，怎麼會擋我的道？」西山上的羊反脣相譏。

「你讓還是不讓？不讓開，我就闖。」東山上的羊搖了一下頭，那意思是：看到沒有，我的犄角就像兩把利劍，牠正想嘗嘗你一身的肥肉是否鮮美呢！

「哼，跟我鬥，沒門！」西山的羊仰天長咩一聲，便低頭用犄角去頂東山的羊。

「好小子，我看你是不想活了。」東山的羊邊罵邊低頭迎上西山羊。

「啐！」這是兩隻羊的犄角相互碰撞的聲音。

「撲通！」這是兩隻羊失足同時落入河水中的聲音。

森林裡安靜下來，兩隻羊跌入河心以後淹死了，屍體很快就被河水沖走了！

孩子，退一步海闊天空。與他人相處時要學會謙讓，切不可處處爭強好勝，斤斤計較。什麼事情都和別人對著幹，這樣做只會傷人傷己。

## 度量

孩子因為閱歷淺，別人只要不小心「得罪」了自己就會耿耿於懷，仇視那個「得罪」了自己的人。這樣的心胸，讓他人難堪，更讓自己不快。若想讓孩子心胸變得開闊起來，家長應多講一些名人心胸寬廣的故事開導他們，如林肯的「度量」便是值得效仿的——

當林肯參選總統時，他的政敵斯坦頓（Frank Stanton）因憎恨他而想盡辦法在公眾面前侮辱他，便毫不保留地攻擊他的外表，故意用話語使他難堪。當林肯獲選為美國總統的時候，他需要選一位最重要的參謀總長，而他競選了斯坦頓。

當消息傳出時，一片譁然，街頭巷尾議論紛紛。

有人對他說：「你難道不知道他從前是怎麼誹謗你的嗎？他一定會扯你的後腿，你一定要三思而行啊！」

林肯不為所動地回答他們：「我認識斯坦頓，我也知道他從前對我的批評，但為了國家的前途，我認為他最適合這個職務。」

果然，斯坦頓後來為國家、幫助林肯做了很多好事！

過了幾年，當林肯被暗殺以後，斯坦頓說了一句非常中肯而又有分量的話語：「林肯是世人中最值得敬佩的一位！」

曾經攻擊自己的政敵，最終竟然稱讚自己，其轉變就在於林肯的度量和個人魅力！如果林肯是一個斤斤計較，愛記仇的人，不但無法利用他人的能力為自己服務，更無法為自己贏得很好的聲譽。

## ▌一袋馬鈴薯

幼稚園阿姨讓班上的孩子們玩一個遊戲。她讓孩子們每人從家裡帶來一個塑膠口袋，裡面要裝馬鈴薯，每一個馬鈴薯上都寫上自己最討厭的人的名字，討厭的人越多，口袋裡的馬鈴薯數量也就越多。

第二天，每一個孩子都帶來了一些馬鈴薯。有的是 2 個，有的是 3 個，最多的是 5 個。

老師不動聲色地告訴孩子們，無論到什麼地方都要帶著這個馬鈴薯袋子，即便是上廁所的時候也一樣。

日子一天天過去，孩子們開始抱怨，因為發黴的馬鈴薯散發出難聞的氣味。一週後，遊戲結束了，孩子們終於解脫了。他們大大地鬆了一口氣，只是不明白老師為什麼要他們這樣做。

這個時候，老師問他們：「在這一週裡，你們對隨身帶著的馬鈴薯有什麼感覺？」

孩子們紛紛表示，帶著馬鈴薯袋子行動不方便，還有馬鈴薯發霉散發的氣味很難聞。

這時，老師說：「這就和你們心裡記恨著自己討厭的人一樣，記恨的毒氣將會侵蝕你們的心靈，而你們無論到什麼地方都要帶著它，如果你們連腐爛馬鈴薯的氣味都無法忍受一個星期，你們又怎能忍受記恨的毒氣占據你們的一生呢？」

孩子們聽了，似懂非懂地點了點頭。

聽了這個故事，你的孩子是否懵懵懂懂地知道了一些道理，但並未真正明白「老師」的意圖。這時候，家長只需要稍加點撥，便能讓孩子豁然開朗。讓孩子明白，要想讓自己過得開開心心的，不被「記恨的毒氣」占據自己的生活，就應該放下「發霉的馬鈴薯」，輕輕鬆鬆地生活。

## 給他半壺水喝

對於傷害自己的人，很多人都是不能原諒的。但是，故事中的丹麥士兵似乎不是這樣的人。讓孩子聆聽這個讓人感動的故事吧！也許，能讓孩子從小就培養出一顆博大的心 ──

在 1/ 紀，丹麥和瑞典發生了戰爭。一場戰役下來，丹麥打了勝仗。一個丹麥士兵坐下來，準備取出壺中的水解渴，突然，他聽到一聲哀號。於是抬頭望去，發現原來在不遠處躺著一個受了重傷的瑞典士兵。他正眼巴巴地看著丹麥士兵手中的那壺水。

「他比我更需要。」丹麥士兵走過去，將壺嘴送到了傷者的口中。但是，出人意料的是，瑞典人竟伸出長矛刺向他，幸好偏了一點方向，只傷到了他的手臂。原來，那個瑞典士兵以為他準備殺害自己呢！

「嗨！你竟然如此回報我。」丹麥士兵說：「我本來要把整壺水給你喝的，現在只能給你一半了。」

後來，這件事被丹麥國王知道了，國王專門召見了這位士兵，問他為什麼不把那個忘恩負義的傢伙殺掉？

士兵輕鬆地回答：「我不想殺受傷的人。」

孩子，對於這樣的丹麥士兵，你是怎麼評價的？你認為他值得效仿，還是認為他很笨，居然去幫助那個忘恩負義的人呢？

是的，生活當中，難免有一些人品行不好，忘恩負義，讓

我們氣憤之餘又非常同情。但像丹麥士兵那樣的人，卻是可敬的。他說我不想殺受傷的人，道理就像說我不想跟小心眼的人計較一樣。所以，寬恕別人，其實是在拯救自己！

## 給家長的悄悄話

很多家長有這樣的習慣，總喜歡「徹查」孩子：「你跟誰比較好？老師表揚你了嗎？」於是，那些在學校「受氣」的孩子免不了一番抱怨「老師不公平，哪個同學特別討厭」等，為此，許多家長不禁憂心忡忡，覺得自己的孩子真的受了許多委屈。事實上，為什麼孩子總有滿腹「牢騷」呢？追根溯源，跟家長的教育方式有很大關係。

- 在家裡，孩子是家長的「寶」，左右都好。家長過度的誇讚，導致孩子心胸狹窄，容不得別人比自己好。於是，孩子總憤憤不平，認為是老師的不公平讓自己受到了冷遇。這樣，不但影響了孩子的心情，還影響到孩子的交際能力與學業成績。其實，家長應該知道，儘管你的孩子十分優秀，也不要一味地誇獎他們；過度的誇讚只會把他們寵壞。

- 家長自己心胸狹窄，總喜歡抱怨。孩子最初的教養來自於父母，如果孩子的父母斤斤計較、好鬥、粗魯，怎麼會教育出寬容、大度的孩子？所以，要提高孩子的禮貌素養，首先要提高自己的修養。父母無意中說出的粗魯的話，很

可能不久就會在孩子口中聽到。要想你的孩子寬容、大度，家長需要注意自己的言行和舉止。對於他人的錯誤要能夠包容；對於他人的優秀要不吝於誇獎。當然，不能為了誇獎他人，就貶低了自己。

· 對自己缺乏了解。潛意識中的自卑心理或者自信心過盛也可能導致一個人的心胸變得狹窄。

　　一般來說，家長只要能找出孩子心胸狹窄的緣由，然後對症下藥，都能很好地改善孩子的心理，使其變得能夠體諒他人、理解他人、心胸變得開闊起來。只有心胸寬闊的人，才能真正善待自己！

## 如何讓孩子的心胸變得寬廣？

### 家長以自身的行為引導孩子正確理解和對待別人的錯誤

　　在少兒時期，孩子們的人際關係受大人的影響最大，如父母、祖父母、老師。而父母作為孩子的第一任老師，在很多方面對孩子們有潛移默化的影響，孩子們的模仿能力很強，常常把父母的一些語言、行為、習慣帶人到自己的生活中，所以，父母營造一個健康和諧的環境對孩子的人際關係培養十分重要。當你的孩子在社交中遇到矛盾和糾紛時，萬不可偏袒他。可適當給予撫慰，並幫助孩子分析事情發生的原因，找出自己或別人的不對之處，客觀地認識自己，明辨是非後，妥善處理。

## 讓孩子學會善待他人

家長平時要教育孩子正視別人的優點和長處，能夠毫不吝嗇地去誇獎和讚美別人，不能一看到別人比自己強就生出妒忌的心理，在背後搞小動作；家長平時要注意培養孩子寬闊的胸懷，對他人的缺點要能夠寬容，不要因為某人有這個缺點那個毛病，就鄙視人家、疏遠人家；不能一出現矛盾就嫉恨人家一輩子，即使別人真誠道歉了還不依不饒。

## 教孩子學會欣賞別人

每個人在社交中都希望得到對方的支持和認同，孩子們也一樣。在交流中，孩子們總會對向自己示好的一方抱有好感。我們應當教育孩子，既然我們在內心對交流的朋友有這樣的要求，對方必然也會對我們提出這樣的要求，這就要求我們在期望得到更多讚美的同時能夠去讚美別人，讓孩子們學會欣賞別人能讓孩子的心胸變得寬闊。

## 讓孩子勇於承認錯誤，拋棄積怨

告訴孩子：有寬大的度量容人，不念舊惡，才能讓自己變得更加快樂。父母要了解孩子的能力、愛好、性格和心態，對孩子循循善誘，有意識地教孩子學會發現錯誤，喚醒孩子的責任心，讓孩子學會自我反省，承認錯誤，化「敵」為友，拋棄積怨。尤其要疏導、轉移孩子對矛盾結果的注意力。只有這樣，

孩子才能反思起因，檢討自己的過失，寬容別人的缺點與失誤行為。幫助別人改正錯誤，有利於增進友誼。

## 教育孩子不要過於苛求別人，不斤斤計較小事

人與人相處，難免會有誤會或摩擦的事情產生，要有忍耐、包容、體諒的心態，不斤斤計較、患得患失，要將心比心，多從對方的角度考慮問題，要把度量放寬、眼界放遠，化解矛盾。

## 讓孩子多接觸外界，多與人交流

多帶孩子到人多的場合或陌生的場合，鼓勵他們主動接觸一些人或鼓勵他們主動處理一些事。孩子的寬容心不是聽出來、也不是說出來的，而是在社交活動中培養出來的。孩子在與同伴的交流過程中，會發現同伴的優點和缺點，在讚揚同伴的優點時，會感受到同伴的喜悅；在原諒同伴的缺點時，會體驗到寬容的快樂。當然，這些心理活動，孩子往往無法用語言準確地表達出來，但是他們的內心是能夠感受到的。

## 利用孩子「犯錯」的契機，使孩子明白人人都有可能犯錯誤的道理，培養孩子的寬容心

在生活中，孩子犯錯誤、做事有過失是難免的，這時，家長要善於把握時機，循循善誘，不僅使犯錯誤的孩子改正錯誤，同時也誘導他們正確對待他人的錯誤，學會原諒、容忍別

人的過失。

　　總之，對「小心眼」的孩子，家長若能做到正確疏導，以理服人，便能讓孩子慢慢轉變過來，懂得反省自己的過失、寬容他人的缺點和失誤，接納他人有益的事情，從而讓他們變得越來越開朗、樂觀、有自信起來。

## 讓孩子樂觀向上，爭取優秀

　　寬容別人首先要自己樂觀。悲觀之人總是心情壓抑、鬱悶，容易想到人或事物不利的一面，所以常常對別人不滿或者發脾氣。樂觀之人總是心態寧靜，相信自己，鼓勵自己，成就自己。另外，寬容大度之人一般做得比較優秀。真正優秀的人，容易坦然的接受他人的過失，與人為友。

## ▍家長應該注意的原則

- 忌太嬌慣孩子，對於孩子的錯誤，總是輕描淡寫就過去了，或者孩子犯了錯，卻喜歡追究別人的責任，這很容易讓孩子認為自己都是對的，別人做了錯事就應該受到「懲罰」，所以不會寬恕別人，心胸狹窄。

- 忌過於嚴厲，追求完美。孩子犯一點點的錯誤，都要嚴加「懲罰」，認為只有這樣才能讓孩子不再犯錯。這樣的教育方式，只會讓孩子成為一個「錙銖必較」的人。

- 忌拿孩子與他人不斷進行比較。誰家的孩子好，誰家的孩

子不好；誰比你強，誰不如你等。這樣做不但讓孩子看不到自己的優點，更容易生出嫉妒情緒。

## 親子加油站

1. 當孩子與同伴發生糾紛，特別是自己的孩子吃了虧時，家長一定要冷靜，要先搞清事情的緣由，再與對方家長、老師協商解決，切不可衝動地責罵對方，或怪自己的孩子笨、沒本事，甚至教自己的孩子用拳頭去「還擊」對方。

2. 如果你的孩子總在抱怨別人，找他人的「過錯」。身為家長切不可與孩子一起去攻擊他人，而應該幫孩子分析原因，找出他人這麼做的理由。如果問題是出在孩子自己身上，要幫助他糾正。

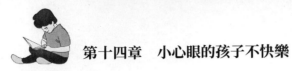

第十四章　小心眼的孩子不快樂

# 第十五章
# 學會接納他人的意見

善於接納他人的意見是一個人謙虛的表現。一個既能誠懇接受別人的意見、改正自己的不足，又能正確分析和判斷、有效運用他人的意見，學習他人長處的孩子，不但能為自己贏得良好的人緣，還能為自己的成功奠定基礎。這樣的孩子，無疑是最聰明的！如果你的孩子擁有這樣的優點，何愁他們前路無「知己」呢？

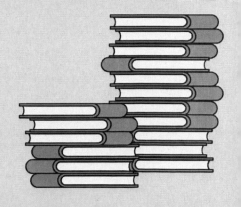

# 能「納」才會有發展

任何人離開了社會都無法發展自己，孩子也是如此。他們只有在與其他孩子交流的過程中，才能提高辨別是非的能力、競爭能力和懂得處理人際關係的能力。一個固執己見，不喜歡接納他人意見的孩子是不可能得到發展的。

無法接納別人的意見，束縛了自己思維與能力的發展。導致自己在前進的路上停滯不前。反之，懂得接納別人的意見的人不但能夠學習到別人的長處，不斷完善自我；還能更好地發現自己的不足，調整自己。

不會接納他人意見的人，終究無法超越自己固有的一種生活模式。因為無法接受別人的批評或善意的意見，只會孤芳自賞、自以為是，陷入自我怪圈，久之易形成孤僻怪異的性格。最終沒有人理睬。只有那些懂得接納他人，吸取他人的長處，悅納他人批評的人，才能獲得更好的發展。

一個驕傲、鋒芒畢露的人，常常因為無法接納他人的意見，從而失去他人的支持。而接納別人，不但可以屏棄自以為是的不良心理。讓自己變得更加謙虛；還能因此被他人所接受，所尊重，所支持和推崇。虛懷若谷才是人格健全的表現。懂得帶著理性的思考與人相處的人。往往比較容易獲得成功。

別人的意見，還能幫助經驗不足的人少走一些彎路。

所以，要想你的孩子在學業上獲得優異的成績，在人際上

更加順心，在事業上獲得更大的發展空間。就需要讓孩子從小學會傾聽他人意見的習慣。讓孩子明白，別人跟你意見不一樣，不一定就是你的對，從小學會從別人的角度分析問題，是與人合作的一個基礎。一個無法接納別人、無法傾聽和尊重別人的人，是不能與人良好合作的，更不可能有進步、有發展。

## 小叮嚀

你的孩子能夠接受別人的提議？

上文提到，能夠接納他人意見，懂得理性分析的人，才能得到更好的發展空間。所以，你的孩子能否接受別人的提議，是他今後能否成功的關鍵。

1. 做事情時，他會不會去徵求你或者他人的意見呢？是否總是憑著主觀，自己盲目做事？若孩子懂得徵求別人的意見，請予以肯定，但要讓他學會自己分析。

2. 你提出的一些建議，他能否接納，或者根本就當作耳邊風，繼續堅持己見。如果孩子總喜歡一意孤行，家長需要分析原因，然後對症下藥。

3. 是否總是以為自己是對的，別人都是錯的。若發現這種情況，家長要及時引導。別讓孩子陷入「自我」的陷阱裡出不來。

# 從《小貓蓋房子》談起

　　小豆可固執了，爸爸媽媽說什麼都不肯聽，非得等到碰到釘子了了才甘休。這天早上，天陰沉沉的，媽媽對小豆說：「小豆呀，估計要下雨了，你帶上雨傘吧！」小豆說：「不了，不了，天氣預報都沒有說今天下雨呢！」結果，果然下起雨來，到了傍晚，媽媽只能到學校去接小豆。這樣的事情數不勝數，小豆的爸爸媽媽為此疲憊不堪。

　　如果你們家也有這麼一個總要一意孤行，卻又得別人幫著收拾爛攤子的小豆，也許你可以給他講講以下的故事 ——

　　　今天，寂靜的森林忽然熱鬧了起來。原來，小貓要蓋新房了，大家都趕著去幫忙呢。看，施工現場真熱鬧：小狗在伐木，小猴和小兔在搬木頭，大象在蓋地基，而小貓則親自挑選木料用來蓋地基。

　　　這時在家裡閒坐的狗大叔也來幫忙了。

　　　狗大叔來到現場和小貓一起挑選木料。狗大叔和小貓把選好的木料遞給小猴和小兔，小猴和小兔又把木料遞給大象蓋地基。牠們正幹的起勁時，狗大叔看見小貓把一根滿是白蟻的腐遞給小兔，就問小貓：「小貓，你怎麼能用長白蟻的木頭蓋房子呢？那樣的話如果房子倒了後果可是不堪設想的呀！」

　　　「喵嗚，我看那木頭挺好的。」

　　　「可是……」狗大叔還想說什麼，小貓低下頭工作，不再理會狗大叔。

小兔、小猴和大象看見小貓要用長白蟻的木頭蓋，牠們都來勸說小貓：「小貓，你最好不要用這塊木頭蓋房子，萬一房子倒了怎麼辦？」大象一本正經地說：「是呀！是呀！如果房子倒了你會有危險的！」小猴和小兔也齊聲附和。

「我選的木頭怎麼會錯？」小貓對牠們的勸阻毫不理會，「你們的擔心完全是多餘的，你們真是杞人憂天。」

房子蓋好了。房子的地基中有著那塊長著白蟻的木頭。

小貓睡在新房裡，心裡美滋滋的。這時，房子突然搖晃起來，小貓正要起來看個究竟，搖搖欲墜的房子轟然倒下。小貓這才追悔莫及，牠坐在新房的廢墟上嗚咽著：「我真應該聽大家的話，要不也不會落個這樣的下場……」

你看，這只固執的小貓因為過於自我，不聽朋友們的好言相勸，才導致剛蓋好的房子就倒塌的下場。這是多麼可惜呀！在現實生活中，我們也經常遇到這樣的情況，當有經驗的好心人善意勸告你的時候，你一定要聽。不聽勸告，最後吃虧的只能是自己！

## 備選故事任你挑

孩子不聽他人勸告的原因有很多。對於不同的孩子，不同的情況，我們應採用不同的故事進行說服教育。這樣才能保證教育的有效性。如下面的幾個故事，就是為不同性格特點、心理特點，不同遭遇的孩子準備的。

## ▌白頭翁的建議

有一些小孩子，在家不聽大人的勸告，特別是爺爺奶奶的勸告。覺得爺爺奶奶老經驗，思想老土，說的那些道理都「過時」了！如果你的孩子也有類似的傾向，不妨找個機會坐下來，與他談談《白頭翁的建議》——

森林裡，住著許許多多的鳥兒，有烏鴉、啄木鳥、黃鶯⋯⋯其中最年長的要算白髮蒼蒼的白頭翁了。

有一天，森林裡的「會議樹」下長上來一根藤蔓。

過了幾天，這根藤蔓越長越高，到了「會議樹」的樹梢上。這時，白頭翁對鳥兒們說：「我們還是把那根藤蔓拔掉吧！不然，人們都會爬上樹來危害我們的，到時候，我們就無家可歸了。」

「這有什麼好怕的！」鳥兒們紛紛說。

第二天，一位獵人來到了樹腳下，悄悄地爬上樹，把一張網掛在樹上。

傍晚，小喜鵲回來了，牠有著一對長翅膀，一不小心，一頭撞進了網。這時，獵人來了，他取下了網，笑嘻嘻往家走去，一邊走一邊說：「這下我的兒子可有東西玩了。」喜鵲失去了一個孩子，傷心地哇哇大哭。又過了幾天，小烏鴉也被抓走了。

鳥兒們紛紛來找白頭翁，說：「太可怕了！」白頭翁讓大家

同心協力把「障礙」給拔了。在白頭翁的指揮下，鳥兒們終於清除了藤蔓。

　　孩子，別人的建議不一定都是對的，但至少有一部分是正確的。那些是他們經驗的積累，值得借鑑。在日常生活中，我們要多聽別人的意見，對於爺爺奶奶要多尊重，切不可一意孤行。一個總是一意孤行的孩子，到了他需要幫助的時刻，是沒有人會幫他的！

## ▌來自井底之蛙的邀請

　　一隻青蛙生活在小河裡，牠白天捉蟲子，夜晚唱歌，過著幸福的生活。

　　在不遠處的深井裡，住著牠的朋友 —— 另外一隻青蛙。儘管水井阻隔了牠倆的來往，但牠們還是好朋友。每到夜幕降臨，牠倆就大聲地唱歌、聊天，相互傾吐心聲。

　　可是，河水被污染，變得又黑又臭，河裡青蛙的歌聲越來越少了，井底之蛙十分同情朋友的遭遇，熱情地發出了邀請：「你快過來吧！我這裡的水可舒服著呢！又清澈，又涼快！」

　　「怎麼可能呢？」河裡青蛙根本不相信，「你一定記錯了！水流清澈那是很久以前的事了，現在太臭了，到處都一樣！」

　　「不對，不對！井裡的水確實很好，你快來吧！」

　　「唉！」河裡的青蛙長長嘆了口氣，「難道我的見識還會比你少嗎？在這條小河裡，我游過很多地方，沒有一點純淨的河

287

水了！我的朋友，你別安慰我了。我再等等吧！或許，下一場大雨會好些的……」

奇跡終於沒有出現，河水再也沒有清澈起來。幾天後，河裡青蛙死了。

朋友的歌聲沒有了，井底之蛙難過極了。「井水確實是清澈的啊！如果牠肯接受我這個井底之蛙的邀請，也許就不會被污水害死了。」

井底之蛙為這個殘酷的事實而傷心。而牠的朋友到死也不知道井底之蛙的見識雖然有局限，但是對於那口深井來說，牠可是最有發言權的啊！

## 不聽忠告的蹶叔

從前有個極端自信的人，名叫蹶叔。他從來不聽別人的忠告，事後卻老是懊悔不迭。比如：他的朋友勸他說：「不要在高地上種稻穀，更不能在窪地裡種高粱，這樣是不可能有好收成的。」可他卻把勸告當作了耳邊風，他說：「我就不相信這個歪理，只要有自信，好好侍弄，高地上的稻穀、窪地裡的高粱同樣能有好收成。」結果可想而知了。當他走到朋友的窪地邊，看到金黃色的稻浪，路過朋友的高地看到沉甸甸的高粱時，才懊悔莫及地說：「我為什麼不聽朋友的勸告呢？」

蹶叔也做生意，但總是別人販賣什麼貨物，他也販賣什麼貨物。朋友告誡他說：「你應該改變購貨的方法，賣那些他人

沒有的東西，這樣才可能賺到錢。」可他就是不聽，認為只要自己的信譽好，就能賣出貨。正因他如此堅持己見，貨物總是賣不出去，做生意老是賠本，弄得十分窮困。為此，他非常懊惱地說：「我為什麼不早些聽從朋友的勸告，改變購貨的方法呢？」

後來，蹶叔和一位朋友去航海，當船接近大洋的時候，風浪大作。朋友對他說：「我們不能再進了，前面的水勢那麼危險，即使過去了，我們也很難回來。」

但蹶叔卻不聽勸告，依然一意孤行，繼續前進。這時，一股巨浪湧來，險些弄翻了船。

經過九死一生的掙扎，他們好不容易才登上了一個孤島。在孤島上，可憐的朋友和不聽勸告的蹶叔一起生活了九年。九年以後，他們才得以返回自己的故鄉。

可是，這時候，蹶叔的頭髮和鬍子全白了，人也衰老了。他神情懊喪地對朋友哀嘆道：「這次航海幾乎老死在海外，我真該早聽你的勸告啊！」

可是，後悔又有什麼用呢？畢竟，這世界上沒有「後悔藥」可吃。要想不後悔，就應該及時糾正自己的錯誤，不能同樣的毛病一犯再犯。等事情到了不可挽回的時候，恐怕連後悔的力氣也沒有了！

第十五章　學會接納他人的意見

## ▎倔強的驢子

　　一些孩子很有意志力，做事情的時候總能堅持。但有些堅持，因為方向或者方法錯誤，可能會導致失敗。在這個時候，就應該聽從別人的勸告。如果不聽勸告，下場只能跟以下故事中倔強的驢子一樣──

　　驢夫趕著驢子上路，剛走一會兒，就離開了平坦的大道，沿著陡峭的山路走去。當驢子失足將要滑下懸崖時，驢夫一把抓住牠的尾巴，想要把牠拉上來。可驢子卻一直朝著相反的方向拚命掙扎。

　　當用盡力量後，驢夫便放開了牠，說道：「好了，讓你得勝吧！但那是個悲慘的勝利。」

　　不是所有的堅持都是正確的。執著於這種堅持，即便勝利了，那也一定是悲慘的。錯誤所付出的代價，往往更悲慘。堅持，就一定要選擇好正確的方法。

## ▎固執的神父

　　夏天的一個雨季，山洪暴發，洪水就要淹沒一個村落了。教堂裡有一個神父正在祈禱，洪水已經漫到他跪著的膝蓋處。

　　救生員駕著舢板來到教堂，對神父說：「神父，趕快上來吧！不然洪水會把你淹死的！」神父說：「不！我深信上帝會來救我，你先去救別人好了。」

　　過了不久，洪水已經淹過神父的胸口了，神父只好勉強站在祭壇上。這時，有一個員警開著快艇過來，對神父說：「神父，快上來，不然你真的會被淹死的！」

　　神父說：「不，我要守住我的教堂，我相信上帝一定會來救我的，你還是先去救別人好了。」

　　又過了一會兒，洪水已經把整個教堂淹沒了，神父只好緊緊抓住教堂頂端的十字架。一架直升機緩緩地飛過來，飛行員丟下了繩梯之後大叫：「神父，快上來，這是最後的機會了，我們可不願意見到你被洪水淹死！」

　　神父還是固執地說：「不，我要守住我的教堂！上帝一定會來救我的。你還是先去救別人好了，上帝會與我同在！」

　　洪水滾滾而來，固執的神父終於被淹死。

　　來到天堂，神父對上帝說：「親愛的上帝，我一直等著你來救我，為什麼你遲遲不來呢？」

　　上帝無限悲憫地望著他說：「哎，其實，我已經派人三次救過你了，可你卻不肯讓別人搭救呀！」

　　固執的神父愚蠢到即便是上帝也無法挽救的程度。因為上帝也需要借助他人的力量才能實現自己的願望呀！神父的故事，我們一定要引以為鑒，且應該杜絕，這樣才能少犯錯誤。

## 第十五章　學會接納他人的意見

### ▎剛愎自用

　　春秋魯宣公十二年時，楚國出兵攻打鄭國，晉國於是派荀林父等人率軍前往援助鄭國。

　　當晉軍正要渡河時，卻聽說鄭國已經和楚國講和了。統帥荀林父在分析形勢後，認為不能輕率地進軍與楚國交戰，因此就打算撤兵回國。

　　然而，大將先縠卻不聽指揮，自行率領軍隊渡過黃河去追擊楚軍。荀林父發覺後，已無法阻止，只好下令全軍前進。

　　楚王聽說晉軍已經渡河追來，原本打算退兵，令尹孫叔敖也有相同的看法，就命令軍隊繼續南撤回國。但是大夫伍參卻力勸楚王應該出兵與晉軍交戰，他認為：晉軍的荀林父新任統帥，威信不高；而將軍先縠又固執剛愎，不聽指揮；其餘將領也都意見不一，使得部下無所適從，這時若是楚軍出戰，必定可以勝利。

　　楚王聽了伍參的話，就下令停止撤退，回師北進，迎擊晉軍，果然打敗了晉軍。

　　後來，人們用「剛愎自用」這句成語形容那些性情倔強，自以為是的人。這些人因為不聽別人的勸告，最終也跟那個剛愎自用的先縠一樣，落了個慘敗的下場。所以，學會分析，多聽從他人良好的建議是多麼重要呀！

## 朋友的勸告就像多變的天氣

狒狒撐著傘在密密的樹林中散步，路上碰見了牠的朋友長臂猿。「喲，我的好朋友。」長臂猿說：「這麼大個晴天，你怎麼還打著傘啊？」狒狒說：「是啊！真令人氣惱。我實在沒辦法合上這把討厭的傘。不過要是沒有這把傘，萬一下起雨來該怎麼辦呢？可是現在，唉！我躲在傘下便享受不到這麼明媚的陽光了。」

「這很簡單，你只要在傘上挖幾個洞，太陽光不就照在你身上了嗎？」長臂猿幫牠想了一個辦法。

「對，你這個主意真好！」狒狒情不自禁地叫了起來：「謝謝你。」說完便轉身跑回家，拿起剪刀在傘上挖了幾個大洞。

過後，狒狒又去散步了。溫暖的陽光從這些洞中射了進來。「太舒服了。」牠滿意極了。

可是，不一會兒，太陽躲到雲層背後去了。幾滴雨點之後，傾盆大雨便緊接著來了，雨水從那那些洞裡灌了進來。頃刻間，這隻倒楣的狒狒成了一隻落湯雞。

我們是應該聽從勸告，但並不是所有善意的勸告都適合於自己。不同的情況下，每個人的體驗是不同的。面對勸告，我們應該學會判斷和分析，牠們是否符合我們的實際情況，可以聽從、借鑑嗎？只有這樣，才能發揮良好的作用。

## 第十五章　學會接納他人的意見

### ▌弄鬆的鞋帶

　　有一回，日本歌舞伎大師勘彌扮演古代一位徒步旅行的百姓，正當他要上場時，一個門生提醒他說：「師傅，你的草鞋帶鬆了。」

　　他回答了一聲：「謝謝你呀！」然後立刻蹲下，繫緊了鞋帶。

　　當他走到門生看不到的舞臺入口處時，卻又蹲下，把剛才繫緊的帶子又弄鬆。

　　顯然，他的目的是，以草鞋鬆垮的帶子，試圖表現這個百姓長途旅行的疲態。演戲細膩到這樣，這位大師確有其過人之處。

　　正巧，那天有位記者到後臺採訪，看見了這一幕。等演完戲後，記者問勘彌：「你為什麼不當時指教學生呢？他不懂得這演戲的真諦呀！」

　　勘彌回答說：「別人的親切關愛與好意必須坦然接受。要教導學生演戲的技能，機會多得是。在今天的場合，最重要的是要以感謝的心去接受別人的提醒，並給予回報。」

　　在別人給你提建議或意見時，不要在當時固執地爭議其中的是非對錯，儘管對方的建議或意見很不合時宜，也請維護別人良好的用心，千萬不要隨意封住別人對你的關切與善良之門。

# 給家長的悄悄話

很多家長都有這樣的苦惱：孩子不聽話，每天晚上，你都會因白天對孩子的反覆提醒、說好話、爭吵和嘮叨而疲憊不堪。可第二天，孩子依然我行我素，不聽取別人的意見，這到底是為什麼呢？其實，很多孩子並不是不願意聽家長的話，接受家長的建議，而是家長在教育孩子的方式上有不當之處，導致孩子不會「接納」。我們當家長的想一想，在教育孩子的過程中有沒有以下現象：

- 有什麼話就脫口而出，不顧及孩子的實際情況和心理感受，有些話甚至會傷及孩子的自尊心。

- 同樣的話反覆重複，絮絮叨叨，講了一遍又一遍，即使這些話是對的，但多次重複後，孩子怎麼可能聽得進去呢？

- 總喜歡居高臨下跟孩子說話。有些家長總喜歡以家長、權威的身分，以教訓、命令的口氣，以結論性的語言與孩子談話。如「你看看，你這樣做是不是錯了？如果早聽我的話，能犯這樣的錯誤嗎？」類似的說教，讓孩子煩不勝煩。

- 在與孩子交流的時候，大多是數落孩子的缺點，諸如讀書不刻苦、不用心、不自覺、太馬虎等。這些孩子都明白，重要的是幫助孩子去糾正那些缺點，而不是數了一遍又一遍。

- 家長有意無意間讚賞孩子的狡辯。有的家長會用一種語氣

表達很欣賞寶貝的「狡辯」，例如：「你的小嘴還蠻能說的嘛！」、「呵，有主意的小傢伙！」有的家長用假裝生氣的態度對孩子說：「不許狡辯！」但是孩子能夠讀懂家長內心的欣賞，這種潛在的欣賞比直接明瞭的表揚更讓孩子有快感，於是他獲得了一個行為規則 ── 反駁父母的建議能獲得他們的好感，所以他不聽取他人建議的習慣就這樣悄然形成了。

· 自以為民主，允許孩子「一意孤行」。在一個有充分民主自由、愛講大道理的家庭，孩子容易養成能言善辯、自作主張的行為習慣，相應地，也容易變得不善於聽取別人意見，喜歡一意孤行，父母常常因此陷入尷尬境地。好的習慣應該是孩子既有主見，又能吸收別人的合理意見，並對自己的行為做出某種調整。這樣的孩子對自己和他人的意見具有較強的分辨能力，不至於刻板生硬地固守己見。

此外，除了家庭教養方式的影響以外，孩子成長過程中，特有的反抗心理，自我意識和獨立精神在發展，內外因相結合，父母稍不留神，孩子就可能形成過分自我主張、忽略他人意見的習慣。

培養孩子懂得「接納」的習慣，家長需要做到以下幾個方面：

- **培養孩子對大道理的執行能力**：講道理是值得提倡的教育
  方法，但為什麼不少父母感到講道理沒有用呢？

  吃過晚飯後，明明就一直在看電視，媽媽給他講道理，說這
  樣做對眼睛有害，明明聽明白之後點點頭，接著對媽媽說：
  「再看一小會兒。」媽媽就讓他再看一小會兒。但是過了一
  小會兒，媽媽繼續講道理，明明仍然「黏」在電視機前。

  道理與實際行為之間是有距離的，父母要幫助孩子拉近這個
  距離。只講大道理，卻不讓孩子操作具體行為，是父母的常
  見誤區，其作用是慫恿孩子狡辯。就像明明，他明白了媽媽
  的建議原來可以當作耳旁風，於是他口頭上不反抗媽媽的建
  議，行動上卻不執行。孩子的這種「軟抵抗」策略比較隱
  晦，家長需要識破這一點並採取相應的對策，促進孩子的執
  行力。如果媽媽讓明明對「一小會兒」有一個明確的界定，
  例如分針、時針走到哪裡是「一小會兒」，那麼明明就沒了
  狡辯的餘地，也明白該如何執行媽媽的建議了。

- **父母對孩子的建議多使用肯定句**：處於第一反抗期孩子的
  口頭禪是「不」，他要以此顯示自己的存在。當父母好心
  地徵求他的意見時，他卻常常不假思索地說「不」。既然
  這樣，家長就要盡量避免說「我們吃飯好嗎？」而是直接
  傳達「我們該吃飯了」這個規則。

- **提高孩子具體問題具體分析的能力**：孩子受思維刻板和生活經驗的局限，無法理解不同場合、不同人們的行為需要一定的彈性和靈活性，缺乏對具體問題具體分析的推理能力，並據此使父母陷入自相矛盾的局面，達到為自己辯護的目的。

  媽媽催促小蘭快點吃飯，否則媽媽上班就要遲到了，而小蘭卻說：「細嚼慢嚥有利於消化。」於是她仍然慢吞吞地吃飯。

  細嚼慢嚥與媽媽準時上班都是對的，當兩者出現矛盾的時候，小蘭固守前者，忽略後者，這是孩子思維刻板的表現。實際上她還是可以加快速度，但因為缺乏對具體問題具體分析的能力，她沒有調整自己的行為。媽媽當時可以告訴孩子：「今天有重要事情，媽媽不能遲到，你要快點吃飯。」讓孩子接受對具體問題具體分析的思維方式和行動建議，並且以後提前讓孩子吃飯，避免矛盾的產生。

- **不要在「薄弱之處」放棄原則**：孩子的發展通常不會很全面，可能在某一方面存在薄弱之處。例如有的孩子在其他方面都很好，但是吃飯頗讓父母勞神；有的孩子喜歡唱歌畫畫跳舞，但是不願意彈鋼琴。父母為了讓孩子多吃一口飯、多彈一會兒琴，不惜答應孩子提出的交換條件甚至無理要求，父母的「哪根神經最弱」被孩子一覽無餘，時間長了，他就專抓父母的弱點進行對抗，也不再理睬父母的合理建議了。

　　當然，我們也不能要求孩子絕對聽話、唯命是從。雖然，父母的大多數要求和做法是為了孩子著想，而且是正確的，但還是不能忽略孩子的態度和意見。父母應常常鼓勵孩子說出自己的想法，使自己的要求更貼近孩子的心理，不要以為「小孩子不懂」。孩子長時間不受尊重，就會變得不自信，更別提創新意識與能力了。父母給孩子的建議中為他留有一定的自由，讓他感覺到配合父母的建議是快樂的、身心愉悅的，那麼他合作的積極性和動力就強；否則，高控制環境下的孩子常常以退縮或者攻擊的方式拒絕父母的建議。

　　善於聽取他人的建議，是孩子發展與人合作的意識與能力的良好開端。合作的基礎是善於吸納別人的意見。如果自己不同意，孩子應該有交流和商量的意識與能力。如果總是一意孤行，聽不進別人的建議，漸漸形成一種思維習慣和處事方式，就可能在同伴中不受歡迎。所以，聽取父母建議的好習慣實際上也鍛練了孩子交流溝通與合作共用的能力。

## 家長在提出要求的時候，應該注意到的細節

・　指示要簡明、具體。我們常常總是忙著向孩子發指示，但完全沒有考慮到孩子是否理解了這些話。孩子可能並不理解你說的話的具體含意，他對一些話的理解可能與我們大不一樣。有時孩子不服從命令是因為父母一次給他們的指

示太多，而他們記不住。還有一種情況是，父母是想向孩
子說明一件事情，但他們卻表述為要求孩子做這件事情。

- 讓孩子注意聽你講話。孩子玩得高興時根本注意不到周圍
  的事情，他很可能並沒有聽清你的話。你一定要避免這種
  情況，保證孩子確實聽見了你的要求。讓孩子注視你，並
  把你的話重複一遍。如果你的孩子容易走神，這個辦法也
  很有用。

- 說到做到。父母都是大忙人，他們對孩子提出要求後，往
  往以為孩子一定會照辦的，以後也就不再提這件事了。父
  母每次做出指示後，一定要檢查任務的完成情況，這樣孩
  子就不會把你的話當作耳旁風了。同時也要避免對孩子提
  一些不必要的要求。

## 家長不能說的話

- **武斷地說「不許」**：要讓孩子接受你的意見，需要做到以
  理服人。簡單地說「不許這樣做」、「應該那樣做」只會
  讓孩子產生「反抗」的心理，結果適得其反。讓孩子變得
  越來越不「聽話」。

- **高高在上地要求「我叫你怎麼做就怎麼做，你問那麼多幹
  什麼？說多了你也不懂」**：孩子局限於他們的理解能力，對
  於大人的話可能「不懂」。但你說了，分析了，他不就懂得

了嗎？久而久之，孩子就能學會理性思考分析問題，判斷是非，從而不但懂得接納，還懂得堅持自己的正確主張。

- **諄諄教導**：「孩子就是應該多聽大人的話，這樣才是乖巧的表現」

孩子為了討巧，很容易失去主見，變得越來越沒有「自我」，這對孩子的發展並不利。正確的做法應該是讓孩子即要「聽話」又應該有自己的想法。尊重孩子，多徵求孩子的意見，同樣能讓孩子變得「理性」。

## 親子加油站

每一位家長愛孩子的方式都是不一樣的。但是，正確的愛絕不是縱容，更不是沒有分寸地「許可」。這只能助長孩子「目中無人」的心理。當然，萬事包辦，事事都不放心，其結果，孩子不是變得更加「乖張」不聽勸，就是變得毫無主見。

正確的愛，應該鬆緊得當。既要認可孩子正確的觀點，又要看到孩子的不良行為。好的，給予肯定；不好的，與其平和地溝通交流，以糾正他們的行為。

唯有這樣的愛，才能讓你的孩子在接納他人的同時也為他人所接納。

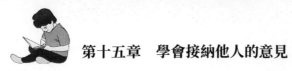

第十五章　學會接納他人的意見

# 第十六章
# 沒有主見的孩子沒出息

　　與那些我行我素，不喜歡接納他人意見的孩子相反。這些孩子很聽話，從不違背別人的意見。耳根子軟，不懂得分析和判斷對錯。這導致了孩子沒有立場，缺乏主見，更不具備獨立性。

　　實際上，聽從別人的意見並非失掉自我。一個阿諛奉承，隨聲附和的人，只會被他人所利用，成為一個沒有個性，在事業上毫無建樹的人。同樣，這樣的人也不會獲得真正的尊重與友情。把你的孩子培養成一個既虛懷若谷又有主見的人吧！

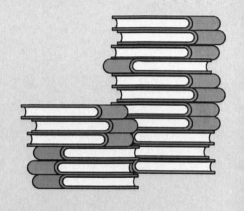

# 沒「自我」不一定好人緣

　　在臺灣，孩子成長的過程中往往出現兩種不良現象：一種是自我中心現象比較突出，凡事以自我為中心，表現在人際交流中，固執己見，聽不得不同意見；另一種是凡事沒有主見，喜歡人云亦云，表現在人際交流中，一味無原則地迎合和遷就別人。很顯然，這兩種類型的孩子，就其心境而言，都是很不平靜的。前者從表面上看很有個性和自主性，事實上，這樣的「自主性」在實際生活中是很難被他人所接受的；後者表面上看很合群，事實上，這樣的「合群」是以「犧牲自己」的自主性為代價的，而且，這種所謂「合群」的孩子往往得不到他人的尊重，常常成為受人欺負的對象。因此，這兩種類型的孩子在心理發展過程中，往往都會出現這樣或那樣的心理問題。家庭教育對此一定不能熟視無睹。

　　要想孩子讓自己既不固執己見，又不至於沒有主見，家長應該引導他們正確認識自己，評價自己。在了解自己的優點和長處之外，也應該知道自己的缺點和不足。了解自己越多，越知道自己的不足，越要求自己嚴格，因而對周圍，對別人也越客觀，人際關係也越會協調。

　　現實生活中，那些富有影響力的人。通常是那些既能為人著想，又不失有自己主見的人。沒有主見是一種性格上的缺陷，對孩子的成長有百害卻無一利。

那些沒有主見的孩子，在心理上是自卑的，即對自己的知識、能力、才華等作出過低的評價，進而否定自我。自卑的人在交往中，雖有良好的願望，但總是怕別人的輕視和拒絕，因而對自己沒有信心，很想得到別人的肯定，又常常很敏感地把別人的不快歸為自己的不當。所以總一味責備自己，討好別人。

沒有主見的孩子因為對自己沒有信心，所以對某些事情難以下決定。總喜歡瞻前顧後，猶豫不決，容易受他人影響。

沒有主見的孩子遇事優柔寡斷，拿不定主意，這是意志薄弱的表現。他們在做一件事情之前往往要經過反覆比較，反覆動搖。結果錯過了成功的時機，最後一無所獲。

沒有主見的孩子口頭禪是「我再想想」、「我先問問我媽媽」、「我不知道對不對」。也因為如此，很多人不喜歡與沒有主見的人交流。

## 小叮嚀

如何了解你的孩子是否有主見

1. 在生活中遇到問題的時候，孩子是不是總優柔寡斷，拿不定主意呢？
2. 在與孩子交流意見時，孩子能否主動談自己的看法？
3. 從孩子的老師那裡了解情況。當孩子做一件

事情的時候，是不是總喜歡反覆動搖，不知道該如何選擇呢？

如果孩子有如上的情況，家長需要及時幫助孩子樹立信心，讓孩子明白，很多事情是需要自己拿主意的，過於依賴別人，過於聽從他人的意見是不利於自己成長的。

## 講個《磨坊主趕驢》的故事

生活中不乏這樣的乖寶寶：他們喜歡討好別人，為了博得老師的好評，拚命地表現自己。為了做個「聰明、懂事」的好孩子，唯大人的話是聽。為了得到好人緣，不斷「奉獻」自己。最終，左右不得適從，弄得鬱鬱不樂的。

也許孩子聽話，對大人來說比較容易管教；但無原則地「聽話」只會導致孩子變得「虛偽」，變得沒有主見。

如果你家也有這樣的「乖寶寶」，不妨給他們講講《磨坊主趕驢》的故事。讓孩子明白，許多時候是需要根據實際情況做事的，不能誰的話都聽 ——

有一對父子，到集市上買了一頭毛驢。回來的路上，父親心疼兒子腳力嫩，就讓兒子騎上了驢。

有人看見後說：「這小子真不懂事，年紀輕輕的自己騎驢，讓他爹地上走。」兒子聽說後趕緊下來把父親讓上驢背。

走了一段路，又有人看見後說：「這個當爹的太不像話，自己騎驢讓孩子步行。」父子倆只好都地上走。

這時，有人看到後譏笑：「這爺倆傻蛋一對，閒著牲口自己費力走。」父親一急，自己騎上驢又把兒子拉上去攬著一塊往回走。

不料，有一個人鄙夷地喊：「這父子倆太不是東西了，一點也不知道心疼自家的牲口，下輩子真該讓你們轉生成驢！」弄得這父子倆無所適從，氣惱至極。

他們乾脆把驢腿四馬攢蹄一捆，找根棍子抬著驢回家了……

這回可好，再碰見的人都用驚詫的目光看：「是驢子有病，還是人的腦子有病……」

孩子，這是一個笑話，但笑話也揭示一個道理：「大風颳倒梧桐樹，自有他人論短長。」對任何事情，都不乏評頭論足者，且人云亦云，各說其理。如果一個人沒有主見，總是聽從別人的意見，只會遭到更多的恥笑。

所以說，我們做什麼事情都要有自己的主見，只要是正確的，該怎麼做就怎麼去做。真正聰明的孩子，總是有自己的主見的！

# 備選故事任你挑

人云亦云、沒有主見的人生是可悲的。一個缺乏主見的孩子就像牆頭草一樣，隨風搖擺，沒有固定的方向，這樣的孩子得不到很好的發展；一個沒有主見的孩子只會任他人擺布，得不到他人真正意義上的欣賞與尊重，更有甚者，還可能被他人利用，成為無謂的犧牲品。因此，培養孩子的主見很重要。要把孩子培養成有主見、不隨波逐流的人，家長可以引導孩子讀一讀下面的故事。

## 沒有主見的月亮

與磨坊主趕驢極為相似的故事是《沒有主見的月亮》。這個沒有主見的月亮，到底經歷了怎樣的事情呢？

夏曆的月初，月亮興沖沖地來上班了。它精神很好，只是太瘦了，身體細得像眉毛。

星星看見了，議論紛紛，有的說：「太難看了，瘦得像骨頭。」有的說：「太瘦了，像沒有飯吃一樣。」月亮一聽，羞紅了臉。它決定把自己吃得胖一點。或許，這樣星星們就不會再笑話它了。

時間一天天過去了，每一天，月亮都比前一天胖了一點。月亮高興極了。認為自己終於越來越討人喜愛了。

夏曆的十五這一天，月亮終於變得圓圓的了，它披著美麗

的輕紗，神采奕奕地來上班了。它想，自己這麼豐滿、美麗，星星們應該會誇它了吧？

可是，令人驚異的是，星星們因為月亮的光芒，都褪去了自己的神采，連搭理月亮都不搭理，這讓它太費解了。

後來，終於有一顆星星按捺不住了：「你幹什麼這麼喜歡炫耀自己呢？你不知道你這樣肥嘟嘟、圓滾滾的樣子很討厭嗎？把我們的視線都擋住了！」

月亮一聽，傷心地哭了。它躲進了雲層裡，所以不吃也不喝。它想，我也許該節節食，減減肥了。

就這樣，月亮越來越瘦，在月底的時候，終於瘦得連肉眼都看不見了。

星星幸災樂禍地說：「瞧，月亮都害臊得沒臉見人了！」

孩子，每個人都有自己的生長規律，也都有自己的長處和短處。一個對自己缺乏正確認知的人，難免會被別人的語言左右，成為一個缺乏主見，沒有自我的人。對那些總喜歡評價他人，說三道四的人，我們還是要「走自己的路，讓別人說去吧」！只有這樣，才能真正開心起來。

## ▌猴子種果樹

許多孩子做事情沒定性，總希望馬上見到成效。加上耳根子軟，見風就倒，所以難以做成一件完整的事情。要想你的孩子從小就有自己的主見，不妨給他們講講以下的故事──

猴子種了一棵梨樹苗，天天澆水、施肥，等著將來吃梨子。

　　正當梨樹成活的時候，一隻烏鴉「哇哇」地對猴子說：「猴哥，猴哥，你怎麼種梨樹呢？有句農諺，『梨五杏四』。梨樹要等五年才能結果，你有這個耐心嗎？」

　　猴子一想：「對，五年是太長，我可等不及。」於是就拔掉梨樹，改種杏樹。

　　正當杏樹成活的時候，一隻喜鵲「喳喳」地對猴子說：「猴哥，猴哥，你怎麼種杏樹呢？有句農諺，『杏四桃三』。杏樹四年才結果，你等得及嗎？」

　　猴子一想：「對，四年太長，我也等不及。」於是就拔掉了杏樹，改種桃樹。

　　正當桃樹成活的時候，一隻杜鵑「咕咕」地對猴子說：「猴哥，猴哥，你怎麼種桃樹呢？有句農諺『桃三櫻二』。種桃樹再短也得三年才結果，你不著急嗎？」

　　猴子一想：「對，三年也太長，我還是等不及。」於是就拔掉桃樹，改種櫻桃樹。

　　猴子哪裡知道，「櫻桃好吃樹難栽」，一連幾年都沒有栽活。

　　就這樣，這隻猴子什麼樹都沒種成。

　　又一年春天來了，猴子想，這一次，我可要堅定自己的信念，有自己的主見了。這時，牠又種上了梨樹。

　　正當梨樹成活的時候，那隻烏鴉又飛來了，牠「哇哇」地對猴子說：「猴哥，猴哥，你怎麼又種梨樹呢？你難道不知道『梨五杏四』嗎？你難道想等上５年才吃梨嗎？」

　　猴子說：「哼！上次正因為聽了你的話，害的我一棵樹也沒

種成。」說完，牠又忙著給小樹澆水、施肥了。烏鴉見到這情形，只好灰溜溜地飛走了。

之後，喜鵲、杜鵑也分別回來說了這樣的話，可猴子這一次再沒有亂聽別人的指點了。過了五年，牠終於吃上了又香又甜的梨子。

開始的時候，猴子因為沒有耐心，缺乏主見，不斷改種果樹，最終導致一事無成。後來，牠能從失敗中吸取教訓，堅持自己的主意，才吃到了美味的梨。

生活中也常有這樣的情況，當我們做事情缺乏目標，缺乏堅定立場的時候，很容易被他人的意見所左右，導致許多事情半途而廢。只有有主見的孩子，才有可能獲得成功！

## 烏鴉的評論

烏鴉整天叫啊叫啊，遇見什麼事都愛發表評論，牠說自己是個偉大的評論家。

這天，烏鴉看見樹上有一條蟲子正在慢慢吐絲把自己包圍起來，烏鴉很奇怪，飛過去問：「你是什麼？為什麼要把自己包起來？」

「我是毛毛蟲。」一個細弱的聲音應道，「我要給自己做一個家。」

「毛毛蟲。」烏鴉笑得前仰後合，「你長得可真是難看，快把自己包起來吧！永遠不要出來了。讓別人看見那麼難看的

你，你不覺得羞愧嗎？聽我的，再也別出來了。」

　　烏鴉又接著飛，尋找可以評論的事物。突然，牠看見一群螞蟻正費力地移動一塊巨大的麵包。

　　「咦？你們這是幹什麼？」

　　「我們想把這塊麵包搬回家，作為我們的食物。」

　　「不會吧！你們真這麼想？不要再異想天開了！」烏鴉邊叫邊笑，「這肯定是白費力氣，麵包這麼大，就憑你們這點小力氣怎麼可能把它搬回家，與其在這浪費力氣，還不如趁機逛一逛，樂一樂。」

　　烏鴉評論一番以後，又快快活活地飛走了。飛著飛著，快靠近河邊的時候，看見一個醜陋的小鴨子在河邊學習展開翅膀，可是牠根本飛不起來。

　　「你想幹什麼？」烏鴉撲下去問。

　　「我想像天鵝一樣展翅飛翔。」小鴨子回答。

　　「你們怎麼都這樣不自量力。」烏鴉突然一陣大笑，「傻小子，也不看看你自己是什麼樣，敢和天鵝比，還是在地上玩吧！別再異想天開了。真是笑死人了。」

　　日子一天天過去了。有一天，烏鴉又經過這一帶。令牠萬萬想不到的事情發生了，毛毛蟲從繭裡面出來的時候變成了美麗的蝴蝶；還有，螞蟻們正舒服地待在家裡享受他們的大餐；昔日的醜小鴨也變成了一隻潔白美麗的天鵝。

在我們生活中，常有一些喜歡時不時「指點」別人的人，故事中的烏鴉就是這樣的。所以，我們不能沒有自己的立場，總被他人的意見左右。因為，他人的意見，不一定都是正確的！

## 別人並不是自己的鏡子

愛因斯坦的父親和傑克大叔去清掃一個大煙囪。那煙囪只有踩著裡邊的鋼筋踏梯才能上去。於是傑克大叔在前，愛因斯坦的父親在後，一級一級地爬上去。

進煙囪的時候，傑克大叔依舊在前，愛因斯坦的父親跟在後面。於是，當他們走出煙囪的時候，傑克大叔的後背、臉上全都被煙囪裡的煙灰蹭黑了，而愛因斯坦的父親身上連一點煙灰也沒有。

愛因斯坦的父親看見傑克大叔的模樣，心想自己的臉肯定和他一樣髒，於是跑到附近的小河裡洗了又洗；而傑克大叔看見了愛因斯坦父親乾乾淨淨的樣子，就草草地洗了洗手，然後大模大樣地上街了。

街上的人笑痛了肚子，還以為傑克是個瘋子哩！

這是愛因斯坦16歲時，父親給他講的一個自己親身經歷過的故事。父親說：「其實，只有自己才是自己的鏡子，如果拿別人做鏡子，天才或許會把自己照成白痴。」

## 第十六章　沒有主見的孩子沒出息

以自己為鏡，才能看到最真實的自己。也只有以自己為鏡，才能真正了解到自己的需求。這個道理，對孩子來說，也許並不好懂。這並沒有多大關係。我們的目的不就是引導孩子學會用自己做鏡子來審視自己嗎？孩子只要掌握了這一點，想成為一個有主見的人並不難。

### ▌悅納自己

許多孩子聽慣了他人的誇讚。如果突然間聽不到別人的誇獎就受不了了，以為自己不再受人歡迎了。這樣的孩子活得非常辛苦。如果不想你的孩子做「愛開屏的淺薄孔雀」，不妨讓孩子聽聽下面這個故事——

電影明星洛依德將車開到檢修站，一個女工接待了他。她熟練靈巧的雙手和俊美的容貌一下子吸引了他。

整個巴黎全知道他，但這位女子卻絲毫不表示驚異和興奮。「您喜歡看電影嗎？」他禁不住問道。

「當然喜歡，我是個電影迷。」她手腳麻利，很快修好了車：「您可以開走了，先生。」

他卻依依不捨：「小姐，您可以陪我去兜兜風嗎？」

「不！我還有工作。」

「這同樣也是您的工作，您修的車，最好親自檢查一下。」

「好吧！是您開還是我開？」、「當然我開，是我邀請您的嘛！」

車行駛得很好。女子說道：「看來沒有什麼問題，請讓我下車好嗎？」

「怎麼，您不想再陪一陪我了？我再問您一遍，您喜歡看電影嗎？」

「我回答過了，喜歡，而且是個影迷。」

「您不認識我？」

「怎麼不認識，您一來我就認出您是當代影帝阿列克斯·洛依德。」

「既然如此，您為何這樣冷淡？」

「不！您錯了，我沒有冷淡。只是沒有像別的女孩子那樣狂熱。您有您的成就，我有我的工作。您來修車是我的顧客，如果您不再是明星了，再來修車。我也會一樣地接待您。人與人之間不應該是這樣嗎？」

他沉默了。在這個普通女工面前他感到自己的淺薄與虛妄。

「小姐，謝謝！您使我想到應該認真反省一下自己的價值。好，現在讓我送您回去。」

孩子，虛榮的人，總一心想聽到別人的誇獎，如果聽不到「好話」就深受打擊，以為自己失去了原有的魅力。這樣的心理是非常不可取的。因為，無法正確判斷自己的人，終究是沒有主見、淺薄、虛妄的，這樣的人，只要遇到挫折，就可能一蹶不振。

## 第十六章　沒有主見的孩子沒出息

## ▎要自己拿主意

有些孩子很容易被別人的話所左右、打擊，沒有自己的主見。孩子之所以會這樣，歸根究底還是缺乏自信。對於這樣的孩子，家長不妨給他講如下這個有趣的小故事 ——

上二年級的女孩樂樂放學回到家裡，撲到媽媽的懷裡委屈地哭了。媽媽為樂樂擦去眼淚，問她為什麼要哭。樂樂抽噎著說：「班上一個同學說我又醜又笨，還說我跳舞的姿勢超級難看。」

媽媽聽後，笑了笑，說：「妳能摸得到房頂上的天花板。」還沒止住眼淚的樂樂聽了，覺得很奇怪。她不明白媽媽說的到底是什麼意思，就怯生生地問：「您說什麼呀？」

媽媽又說一遍：「妳能摸得到房頂上的天花板。」

樂樂忘記了哭泣，抬起頭看著天花板，心想：「那麼高，爸爸跳起來都搆不著，我怎麼能搆得著呢？」

媽媽笑著問：「怎麼，妳不信？」

樂樂斬釘截鐵地回答：「不信！」

「不信吧！那妳也別信那同學的話，因為有些人說的並不是事實！」媽媽得意地說。

媽媽的話讓樂樂開始明白，不能太在意別人說什麼，要自己拿主意。

你的孩子在聽了這個小故事後，會有什麼反應呢？

或許，他已經敏感地察覺到了你真正想要說的意思。如果是這樣的話，你的故事教育法就成功在望了。或許，他還是懵

懵懵懂懂的，那麼，這時你就可以打開天窗說亮話了。相信有了
這個小故事作為鋪墊，你們之間的溝通會順暢圓滑得多。

## 給家長的悄悄話

　　曉曉今年 5 歲了，無論在幼稚園還是鄰里間，大家都誇她是
個乖巧、聽話的好孩子。在家裡，大人讓她做什麼，她就做什
麼，讓她怎麼做，她就怎麼做，表現得十分聽話；和小朋友一起
玩時，曉曉也總是按別人的意願做事，順從別人的領導，很少有
自己的想法。剛開始的時候，家長們覺得非常欣慰，因為孩子這
樣的表現，讓他們省了不少心。但最近，曉曉的爸爸媽媽從老師
那裡了解到：當老師教了一種解題的方法時，孩子從不懂得嘗用
試其他的方法解決，這讓曉曉的爸爸媽媽非常擔心。

　　是呀，孩子聽話、乖巧可以省卻父母許多力氣，而且不用操
心他們在外面和小朋友鬧矛盾。但如果孩子表現得過於順從，凡
事沒有主見，總是模仿別人，就不是一種好現象了，這對孩子今
後個性的健康發展是不利的。孩子缺乏主見的原因歸結如下：

- 認知障礙。心理學認為，對問題的本質缺乏清晰的認知是
  一個人遇事拿不定主意並產生心理衝突的原因。這是因為
  孩子涉世未深，對一些事物缺乏必要的知識和經驗的緣故。
- 家長、教師本來就是孩子心目中的權威，再加上有些家長

習慣於替孩子設想一切，所以容易造成孩子唯命是從，不敢幹甚至不敢想違背家長或教師意願的事情。

· 有些家長因為工作忙，和孩子之間缺乏溝通，不理解孩子，往往造成孩子的畏懼心理，不敢說、不敢做想做的事情。

· 孩子的虛榮心作祟，總希望得到別人的誇獎。如大人一句「這孩子真乖，真聽話」都能讓孩子乖巧幾天。

· 缺乏訓練。這種人從小在備受溺愛的家庭中，過著「衣來伸手，飯來張口」的現成生活，父母是他們的拐杖。這種人一旦獨自走上社會，遇事就容易出現優柔寡斷現象；另一種情況是家庭從小管束太嚴，這種教育方式教出來的人只能循規蹈矩，不敢越雷池一步。一旦情況發生變化，他們就擔心不合要求，在動機上左右徘徊，拿不定主意。

## 對於這樣的孩子，家長應該從幾個方面培養孩子的「主見」

### 給孩子自由，讓他們儘早離開家長的懷抱

每個孩子都喜歡生活在媽媽溫暖的懷抱裡，但長期這樣將毀了孩子的一生。如果家長無法給孩子鍛練的空間，孩子就難以養成自立的品格，遇事時沒有主見也就很自然了。

有一位善良的媽媽，疼愛孩子到了極限。孩子已經上小學二年級了，這位媽媽送他上學還要費力地背著他走，直到離校

門口幾十公尺遠的地方，才不情願地把孩子放下來，再看著他安全地走進教室，才肯放心地回頭……

　　難以想像，一個離不開媽媽呵護的孩子如何才能培養出獨立、自主的意識呢？當然，這樣的孩子更談不上遇到事情會有自己的主見。

## 給孩子表達意願的機會

　　很多家長習慣事事為孩子做出決定，而很少徵求孩子的意見，如果孩子不遵從，家長就大加指責，說孩子不聽話。其實這種教育方式封閉了孩子表達自己的機會，孩子也有自己的想法，家長要給孩子表達自己想法的機會，讓他們說出自己的意願，如此才能讓孩子自主思想、自立做事。

## 讓孩子自己選擇

　　孩子的自主性一般表現在他的選擇上，但家長由於怕孩子自己選擇錯了，總是不敢把選擇的權力交給孩子。這樣孩子就永遠學不會選擇，永遠沒有自主性。

　　這是一個國際知名象棋大師小軍（化名）的例子：

　　　　小軍小學快畢業時，是升明星中學還是學棋，兩條路任她選擇。小軍和她的一家人似乎都處在十字路口上，需要決定前進的方向。小軍在小學 6 年中，有 7 個學期都被選為模範生，學校當然要保送她上明星中學。

## 第十六章　沒有主見的孩子沒出息

　　這樣品學兼優的孩子，誰見誰要；而國際象棋的黑白格同樣牽引著小軍和她的一家人，真是舉棋不定。是走媽媽的路，將來進高等學府，還是當運動員呢？誰也拿不定主意。最後，媽媽叫來了女兒，用商量的語氣說：「小軍，抬起頭來，看著媽媽的眼睛。妳很喜歡下棋，是不是？」這是母親對女兒選擇道路的提問，從某種意義上講，也是對女兒將來命運的提問。

　　家庭是民主的，對孩子採取了審慎的商量的辦法，父母充分尊重女兒的意見和選擇。小軍目光堅毅、嚴肅地看著媽媽的眼睛，堅定地說出七個字：「我還是喜歡學棋。」母親得到女兒的答覆後，她同意小軍的選擇，同時又極其嚴肅地對女兒說：「好，記住，下棋這條路是妳自己選擇的。既然妳做出了這個重要的選擇，今後妳就應該肩負起一個棋手應有的責任。」

　　一個 12 歲的女孩能懂得和理解這段話嗎？也許思維發達和超前的小軍，聽懂了媽媽的話，了解了父母的良苦用心。

　　母親和女兒的這段對話，小軍會受益一輩子的。假如當初沒有這段話，或者是父母包辦決定女兒的前程，都不會有今天的象棋大師。

　　家長對孩子自主選擇的尊重，可以隨時隨地展現在最簡單的日常生活中：

1. 吃得自主。在不影響孩子飲食均衡的情況下，媽媽可以讓孩子自己選擇吃什麼。例如飯後吃水果時，媽媽不必強迫孩子今天吃蘋果，明天吃香蕉，而讓孩子自己挑選。

2. 穿得自主。媽媽帶孩子外出玩耍時，在保證安全的前提下，可以讓孩子自己決定穿什麼衣服，切忌隨自己喜好而不顧孩子的感受。

3. 玩得自主。不少孩子在玩遊戲時，並不想讓成人教給他們遊戲規則，更願意自己決定遊戲的方式，並體驗其中的樂趣。媽媽可讓孩子自己選擇玩具和玩的方法，這樣做可以極大滿足孩子的自主意識，幫助他成為一個有主見的人。

## 用啟發式的話語代替命令

很多家長在要求孩子做事時，往往喜歡使用命令句式，如「就這樣做吧」、「你該去……了」。這種語氣會讓孩子覺得家長的話是說一不二的，自己是在被強迫做事，即使做了心裡也不高興。

家長不妨將命令式語氣改為啟發式語氣，如：「這件事怎樣做更好呢？」、「你是否該去……了？」這種表達方式會讓孩子感覺到家長對自己的尊重，從而引發孩子獨立思考，按自己的意志主動處理好事情。

## 耐心傾聽孩子講話

耐心傾聽孩子講的每一句話，鼓勵並引導孩子自由地表達思想，既展現了家長對孩子的尊重，同時也能有效地培養孩子的自主性。家長可從以下幾個方面加以注意：

· 靜聽孩子的「嘮叨」。很多孩子大都喜歡嘮嘮叨叨地講他見到的一些人或事，家長千萬不要嫌孩子囉嗦和麻煩，因為這種「嘮叨」恰好是孩子自主意識的最早展現，他是試圖向成人表達他自己對這個世界的看法。因此，家長不僅要靜聽孩子的「嘮叨」，還要鼓勵孩子多「嘮叨」。

· 勿搶孩子的「話頭」。不少家長在聽孩子講話時，有時會覺得孩子的語句、用詞不夠成熟，喜歡搶過孩子的「話頭」來說，這樣做無疑是剝奪了孩子說話的機會，同時也會讓孩子對以後的表達失去信心。因此，在孩子想說話的時候，即使他詞不達意，家長也應讓孩子用自己的語言把意思表達出來，而不能搶做孩子的「代言人」。

· 留意孩子的報告。家長可隨時隨地提醒孩子注意觀察事物，給他們探索的機會，觀察之後，還應問一問他看見了些什麼，學會了些什麼。當孩子向家長作「報告」時，家長留意傾聽並適時點撥，會令孩子得到鼓舞。

· 聆聽孩子的「辯解」。當孩子為自己所做的事與家長爭辯時，家長千萬不能斥責孩子的「頂嘴」，要給孩子充分的辯解機會；當孩子與他人爭吵時，家長也不需要立即去調解糾紛，可以在旁聆聽和觀察，看他說話是否合理，是否有條理。這對培養孩子獨立思考的能力大有益處。

## 提高孩子分辨是非的能力

　　孩子年齡小，道德觀念尚未完全形成，是非判斷標準還很模糊，他們主要是按自己喜愛和厭惡的情緒來判斷人物和事物的是與非。孩子模仿性強，控制能力差，往往不分好壞，看別人怎樣，自己就跟著別人學，難免會有些不當的言行。對此，家長既不能忽視也不可羞辱懲罰。恰當的做法是耐心地正面誘導、糾正，使孩子透過成人對其行為、言語的評價，逐步意識到自己行為的是非，從而提高分辨是非的能力。如孩子聽見某些人說了髒話，於是就跟著學，這時父母需要解釋清楚，這句話是罵人的話，不好聽、不禮貌，不要學說等。這樣屢經疏導，幼兒便不至因從眾心理而模仿不良行為，進而形成良好的個性品格。孩子有了自信心，又有了明辨是非的能力，做事就會有自己獨特的見解，不盲目隨從別人。

## 讓孩子學會說「不」

　　一位媽媽曾寫下了下面一段話：

　　慢慢地，我意識到，兒子已經是大孩子了，應該有自己的想法了。於是，找了一個合適的時間，我開始與孩子聊天。

　　「如果你吃飽了，媽媽還讓你吃飯，你會怎麼做？」我問孩子。

　　「我告訴媽媽我已經吃飽了，不吃了。」孩子說。

「如果你正在寫作業，媽媽過來和你聊天，你會怎麼做？」

「我會告訴媽媽我正在寫作業，請不要打擾我。」孩子認真地說。

「兒子，今天你的回答都很對，都很精彩。你要記住，不要盲目地相信大人，有自己的想法就要大膽地說出來，大人們不會因為你的拒絕而不喜歡你，相反地，我們會認為你是一個很有主見的孩子。」

後來的很多事情都證明，我鼓勵孩子學會說「不」是正確的。

從此以後，孩子變得不再盲從。

一個不懂得拒絕別人的孩子，在別人眼裡永遠都是唯唯諾諾、沒有想法的。所以在日常生活中，媽媽要鼓勵孩子說出自己的想法，勇於對別人不合理的要求說「不」。

## 和孩子一起做家庭智力遊戲

家長可以找出一個主題或者難題，讓孩子想出多種方法解答。如小猴不小心掉進獵人為抓大灰狼而設的陷阱裡了，牠該怎麼辦呀？人在什麼情況下容易口渴？引發孩子擴散性思考（divergent thinking），並提出解決問題的多種方法。

在玩遊戲時，家長應該注意：不要濫加指責與批評，孩子的答案越奇怪越新鮮越好，數量越多越好，想的辦法越實用越好。這樣可以使孩子意識到解決問題的途徑是多種多樣的，自

己原來也有很多好主意。這不但能增強孩子的自信心，同時也能提高孩子的主見。

## 在教育過程中，家長應該注意的問題

- 做父母的要以肯定的語言評價孩子各方面的表現，切忌以懷疑或否定的語言對孩子說話，如「你看 ××× 做得多好」、「你看 ××× 穿的衣服多好看」等。這很容易使孩子懷疑自己的力量，對自己失去信心，從而導致孩子要向別人看齊，加重了孩子的從眾心理。

- 不要流露出「你真沒出息」這類情緒。要慢慢引導孩子樹立自信心，激發其競爭意識，鼓勵他在集體中大膽說出自己的意見。

- 不要表現出，我對你沒有信心的資訊，而應該放手讓孩子去做一些事情，並對他們的處理能力表示充分的信任。

## 親子加油站

家長是孩子的第一任老師，家長的信任與肯定能給孩子充分的信心。孩子在成長過程中因為家長的信任，能慢慢嘗試著邁出成功的第一步。當孩子體驗到「主見」與「創意」帶來的快樂與收穫時，他們會更樂於動腦，更喜歡分析問題，更懂得既要謙虛地接受別人的意見，又應該有自己的立場與原則，有自己的主見。

可見，培養孩子「有主見」，家長起著導向性的作用。聰明的家長，能夠幫助孩子身心健康地發展。

給家長的悄悄話

電子書購買

國家圖書館出版品預行編目資料

不心累的故事教育法：改變說教的口吻，將童話重新詮釋，透過小故事引導孩子改變自我 / 洪春瑜，薛梅城編著 . -- 第一版 . -- 臺北市：崧燁文化事業有限公司 , 2022.10
　　面；　公分
POD 版
ISBN 978-626-332-754-2( 平裝 )
1.CST: 親職教育 2.CST: 子女教育
528.2　　111014732

# 不心累的故事教育法：改變說教的口吻，將童話重新詮釋，透過小故事引導孩子改變自我

臉書

編　　著：洪春瑜，薛梅城
發 行 人：黃振庭
出 版 者：崧燁文化事業有限公司
發 行 者：崧燁文化事業有限公司
E - m a i l：sonbookservice@gmail.com
粉 絲 頁：https://www.facebook.com/sonbookss/
網　　址：https://sonbook.net/
地　　址：台北市中正區重慶南路一段六十一號八樓 815 室
Rm. 815, 8F., No.61, Sec. 1, Chongqing S. Rd., Zhongzheng Dist., Taipei City 100, Taiwan
電　　話：(02) 2370-3310　　傳　　真：(02) 2388-1990
印　　刷：京峯彩色印刷有限公司（京峰數位）
律師顧問：廣華律師事務所 張珮琦律師

定　　價：430 元
發行日期：2022 年 10 月第一版
◎本書以 POD 印製